登校拒否・ひきこもりからの“出発<ruby>たびだち</ruby>”

「よい子」の苦悩と自己形成

前島康男 著

東京電機大学出版局

はじめに

　登校拒否が社会的問題になり始めて約40年以上が経過しました。また，「登校拒否その後」としてのひきこもりが同じく社会的問題になり始めて30年以上が経過しました。

　現在，登校拒否の児童生徒数は小・中・高校で約25万人となり，戦後第二の激増期を迎えています。また，ひきこもりも15歳から64歳で約115万人を超え双方とも，ますます大きな社会的問題になっています。この問題に対し，政策側からも対策が立てられてきました。また，民間側の実践・運動も積み重ねられてきました。しかし，政策側の対策はすべて弥縫策であり，問題解決の方向を指し示すものとはなっていません。また，民間側の実践・運動も今後に発展させるための多くの課題を抱えています。

　日本の登校拒否・ひきこもり問題は，現象面でも数量面でも世界の国々に比べて際立っているようです。

　私は，40年間の大学教員生活でこれら登校拒否・ひきこもり問題などにも関心を持ち，先行研究に批判的に学ぶとともに，研究者の仲間や現場教職員，あるいは当事者やその親などからたくさんの事柄を学んできました。そして，これまで登校拒否・ひきこもり問題に関し，この現象の歴史をたどるとともに理論を深め，その本質と解決の道筋に関し，少なからぬ著書や論文を公にしてきました。

　本書は，私の40年間のこれらの問題に対する研究の成果をまとめたものです。

　登校拒否・ひきこもり問題解決の道筋を考えるにあたり，私は，当事者の声や手記等から徹底的に学ぶことを大切にしました。当事者の多くの手記等の内容は，当事者としての苦悩の真実に満ちているとともに，苦悩から抜け出て，新たな自分を発見し，自己形成へと至る貴重なヒントにあふれています。

　私は，40年間の大学教員生活において，いわゆる「よい子」にたくさん出会ってきました。今日まで，日本の「よい子」は，その苦悩の中で登校拒否をはじめ，ひきこもり，いじめ，摂食障害，リストカット，自死，非行，校内暴力，売春，

および宗教熱などの「行動化」をしてきました。

　今日の新自由主義社会日本においては，多くの家族を巻き込んだ社会と学校における「競争と管理」のますますの進行・激化の中で，日本の多くの子ども・若者は，「よい子競争」に駆り立てられるとともに，その競争からいつ振り落とされるかもわからない「不安」とともに，未来社会に対する希望も見出せず，「息苦しさ」と「生きづらさ」を抱えて苦しんでいると思います。

　そして，様々な「行動化」をする中で，「よい子」の自分を壊し，新しい自分に出会うために，ある意味命がけの「自分くずしと自分つくり」に必死で取り組んでいます。

　私は，ほぼ一貫して，「よい子」の問題に注目し，「よい子」の「自分くずしと自分つくり」，すなわち「よい子」の苦悩と自己形成に視点を当て，大学での教育実践に取り組んできました。本書では，私の大学教員実践の中で学生がどう変化・成長したのかも具体的にリアルにふれます。

　本書は，私の40年間のささやかな研究・教育の成果でもあります。本書を読んでいただく中で，特に登校拒否・ひきこもりで悩む当事者や保護者の方々が，問題解決のために何らかのヒントを得ること，また，「よい子」の「行動化」の諸問題で悩み，日々苦闘している現場の教職員や関係者の方々に問題解決の希望が見える一助になれば幸いです。さらに，「よい子」として日々苦悩している子ども・若者が，その苦悩から脱出できるヒントを得る一助になればこれに勝る幸せはありません。

　2020年2月

前島康男

目次

はじめに　　i

序　章　課題と方法　1
第1節　問題の状況と問題意識　　1
第2節　言葉の定義　　3
第3節　理論的課題と方法　　5

第1章　「よい子」のとらわれと　　　　登校拒否・ひきこもり問題　7
はじめに　　7
第1節　登校拒否・ひきこもりの背景および
　　　　原因を説明する言説の紹介と私の立場　　7
第2節　大学生の「よい子」のとらわれの諸相と背景　　10
第3節　「よい子」のとらわれと登校拒否・ひきこもり　　22
第4節　「よい子」のとらわれからどう自由になるか　　26
第5節　小括　　30

第2章　登校拒否・ひきこもり当事者に学ぶ　　　　─ 当事者は何を考え，何を望んでいるか　32
はじめに　　32
第1節　「思春期葛藤」と「よい子」からの「脱出」あるいは「卒業」　　33
第2節　親の「自立」への願い　　42
第3節　当事者の学校と社会への批判に学ぶ　　44
第4節　「自立」概念について考える
　　　　─「自立＝学校復帰」および「自立＝就労」をめぐって　　51
第5節　登校拒否・ひきこもりと社会　　57
第6節　小括　　60

第3章　Society 5.0と登校拒否問題
　　　　― 公教育解体＝市場化・民営化の進行と
　　　　教育機会確保法・馳試案　64

　はじめに　64
　第1節　Society 5.0とは―その本質と問題　64
　第2節　教育機会確保法の特徴　75
　第3節　教育機会確保法の問題点　80
　第4節　馳座長試案の特徴と問題点　92
　第5節　小括　95

第4章　登校拒否・ひきこもり問題の歴史と理論　98
　はじめに　98
　第1節　長期欠席から登校拒否へ
　　　　　― 戦後直後から1980年代初め　98
　第2節　登校拒否急増の時代およびひきこもり問題の登場
　　　　　― 1980年代から1990年代初頭　103
　第3節　登校拒否の激増とひきこもり問題の社会問題化
　　　　　― 1990年代初頭以降　113
　第4節　登校拒否の高止まりから戦後第二の激増期へ
　　　　　― ひきこもり問題への本格的な施策実施の2000年代前半　136
　第5節　小括　152

　補論Ⅰ　登校拒否・ひきこもり問題と『男はつらいよ』　153
　補論Ⅱ　ひきこもりの比較研究　156

終　章　登校拒否・ひきこもり問題解決の道筋　162
　はじめに　162
　第1節　社会的な側面 ― 新自由主義社会をどう変えるか　162
　第2節　登校拒否・ひきこもり問題解決の道筋 ― 制度面について　164
　第3節　登校拒否・ひきこもり当事者の問題と関わって　167

おわりに　173

文献一覧　175

課題と方法

第 1 節　問題の状況と問題意識

　現在の日本においては，登校拒否・ひきこもり問題も，大きな社会問題になっています。登校拒否について言えば，1990年代の戦後第一の激増期の後，十数年の高止まり期を経て，安倍内閣が全国一斉学力テストの都道府県別順位を発表し始めた2013年度から，6年連続で増加しています。その増加数もほぼ毎年増え続け，戦後第二の激増期を迎えようとしています（本書100頁の図4.1参照）。

　2018年度の「長期欠席」の数が，小中学生で約24万人です。このうち，文部科学省（以下：文科省）の統計でカテゴリー別にいうと，「不登校」が164,528人，「病気」が49,624人，「経済的理由」がわずか24人[註1]，そして「その他」が25,863人となっています。

　この中で，「不登校」は前年度に比べ，約2万人も大幅に増えています。しかし，上の四つのカテゴリーの中で，「病気」と「その他」を合わせた75,487人のうち，約三分の一の約2万5千人は「不登校」に入るだろうと文科省も認めています。すなわち，実質は「不登校」ですが，身体症状が出て病院に行っていると「病気」とカウントされる，あるいは，現場教師の自己判断で「不登校」に入れたくない場合は「その他」と判断されるのではないでしょうか。

　実際は，約16万5千人と約2万5千人の合計，約19万人も「不登校」児童生徒が存在することになります。また，高校生の「不登校」52,723人と，「実質的な不登校」（「病気」と「その他」の数の合計の三分の一）約9千人を合わせると約6万人以上になりますので，小中高の「不登校」の合計は，約25万人以上もの巨

大な数になります^{註2)}。

　この数は，今日の安倍内閣の教育政策と「競争と管理」が進む学校のあり方が変わらない限り，ますます増え続けるでしょう。

　また，ひきこもりも1990年代から「登校拒否その後」ということで問題となり始めました。そして，2000年代に入ると本格的に社会的な問題として注目されるようになります。内閣府の『若者の生活に関する調査報告書』(2016年9月)において，15歳〜39歳までの若者のひきこもりは約54万人存在すると試算され(『若者の意識に関する調査(ひきこもりに関する実態調査)報告書』(2010年7月)においては約70万人)，また内閣府の『生活状況に関する調査報告書』(2019年3月)によると，40歳〜64歳のひきこもりも推定61.3万人存在することが明らかにされました。

　そうすると，ひきこもりは推計合計115万人以上存在することになります。このことによって，私も指摘してきた^{註3)}ひきこもり100万人説は，ほぼ実証されたことになります。

　ひきこもり問題は，その後どちらかというと「8050」問題に代表されるように，中高年のひきこもりの問題に重点が移動してきたように思います^{註4)}。

　しかし，私は依然として中高年に移行する前の，どちらかというと登校拒否問題や，若者のひきこもりの原因，ひきこもりからの"出発"のあり方に注目することが重要だと思っています。

　それは，登校拒否や「登校拒否その後」を含むひきこもりに注目することが，深い意味での，ひきこもり問題の解決の道筋を明らかにすると思うからです。

　このような中で，政策側は，登校拒否問題については，2016年に登校拒否対策法としての『教育機会確保法』を提案し，多くの当事者である親や関係者の反対の中で成立させました。現在，この法は三年見直しの時期を迎えて「馳試案」が提案されています。

　また，政府は「Society 5.0」に基づく政策の実行を急ぎ，その中に登校拒否政策も含まれています。まもなく行われようとしている中央教育審議会(以下：中教審)答申もその延長線上にあります。

　私は以上のような問題状況の中で，第一に，なぜ現在，戦後第二の登校拒否の激増期を迎えているのか，あるいは，なぜひきこもりが115万人にも増えてし

まったのか，その原因をつかみたい。また，第二に，登校拒否とひきこもりはどのような関係にあり，同時に現在の社会や家族と学校教育のあり方にどのような問題を提起しているのかを知りたい。そして，第三に，登校拒否・ひきこもり問題の解決の道すじを知りたい，という問題意識を持っています。

第2節 言葉の定義

　これまで，登校拒否・ひきこもりについては，言葉の定義を行わずに使ってきました。そこで，ここで二つの言葉の定義を行いたいと思います。

　まず「登校拒否」という言葉についてです。この言葉は，一般的には文科省も含め「不登校」として，次のような意味で使われます。

　　≪何らかの心理的，情緒的，身体的あるいは社会的要因・背景により，登校しないあるいはしたくともできない状況にあるため年間30日以上欠席した者のうち，病気や経済的な理由による者を除いたもの（文科省『今後の不登校への対応の在り方について（報告）』2003年3月）。≫

　この「不登校」という言葉は，第4章でもふれますが，戦後では1990年代以降，広く使われてきた言葉です。

　しかし，この言葉は，大抵は無自覚に使われますが，第一に，言葉の意味することが広すぎて曖昧なこと，第二に，年間30日以上学校を休んだ「長期欠席」の子どものうち「病気」や「その他」の一定部分（三分の一程度）を含み，概念の中身も不明瞭なことなどの問題があります。

　その結果，『広辞苑』はじめ，ほとんどの辞書類は，「不登校」と「登校拒否」を同じ言葉＝概念として扱っています。

　私は，このような中で，本書でも学校に行かない・行けない子どもたちに対して，「登校拒否」という言葉を重視し，意識して使っています。

　それは，次に紹介する「大阪教育文化センター」の規定と高垣忠一郎の主張に学んでいるからです。

　大阪教育文化センターでは「登校拒否」という用語を用いることについて次のように述べています。

　　≪本書では，一般的によく使われている不登校のことを登校拒否と表記して

います。それは，次の二つの理由からです。

　①登校拒否は専門用語で，自分を守るために学校に行くことができなくなる
　　という意味が含まれています。

　②不登校は，一般的に登校拒否を含む非常に広い概念です。そのため，対応
　　と援助を考える場合にあまりにも多岐にわたり，まとが絞りにくくなりま
　　す。また，その原因をあいまいにする危険性もあります（大阪教育文化セ
　　ンター 2009：はじめに）≫

また，高垣は，登校拒否という言葉を用いる意味について次のように述べます。

　≪確かに子どもが学校に行こう，行かねばならないと頭では思っている。で
　も心や体が拒否をしている。ならば「拒否」という言葉を使ってやらなければ
　ならない。「不登校」は学校に行っていない状態を指すだけの毒にも薬にもな
　らない中性的な言葉だ。だが「登校拒否」という言葉には子どもが「なぜ，何を」
　拒否しているのかを問う力がある。だから，この言葉を敢えて使い続けている
　のです（高垣 2018：15）。≫

　今日，子どもが学校に行けない・行かない要因として，文科省は，「家庭に係
る状況」（37.6％），「いじめを除く友人関係をめぐる問題」（27.8％），および「学
業の不振」（21.6％）などをあげています。「いじめ」はわずか（0.6％）です[註5]。し
かし，第2章でもふれるように，東京都や内閣府の調査等[註6]によると，たとえ
ば，いじめを原因として登校拒否する子どもは，かなり存在します（それぞれ
40％前後）。

　我が子も，長男は小学校4年生のときに「父ちゃん，僕いじめられているから登
校拒否する」と言いました。また，1994年愛知県でいじめ自死した大河内清輝君
の母親も「いじめで自死するくらいならなぜ登校拒否してくれなかったんだ」と
言いました。

　たとえば，いじめが原因の登校拒否でも，登校拒否という言葉を使うことによ
り，いじめ問題を批判する根拠をより深く獲得することができます。また，第2
章で紹介する，今日の「競争と管理」の強まりが登校拒否を生んでいるとすると，
この登校拒否という言葉を用いることで，「なぜ，何を」拒否しているかを問う
根拠を獲得することができます。

　私は，以上のような意味で登校拒否という言葉を使います。すなわち，登校拒

否とは「学校に行こうとすると，体と心が登校を拒否する状態」という意味で使いたいと思います。

次に「ひきこもり」という言葉です。この言葉も，論者によって多少の違いはありますが，私は，次の厚生労働省（以下：厚労省）の概念規定をひとまずは使用したいと思います。

≪様々な要因の結果として社会的参加（義務教育を含む就学，非常勤職を含む就労，家庭外での交遊など）を回避し，原則的には6ヵ月以上にわたって概ね家庭にとどまり続けている状態（他者と交わらない形での外出をしていてもよい）を指す現象概念（厚労省『ひきこもりの評価・支援に関するガイドライン』2010年5月）。≫

第3節 ┃ 理論的課題と方法

第1節のような問題状況をふまえた本書の理論的課題は，主に以下の四点です。

第一に，登校拒否・ひきこもりの激増を踏まえ，その発生原因を明らかにすることです。その場合，先行研究における主要な三つの説明の仕方に学ぶとともに，私なりの独自の視点から迫ってみます（第1章）。

第二に，登校拒否・ひきこもりの当事者に学び，当事者の考えと願いをまとめることです（第2章）。

第三に，今日の政府の「Society 5.0」政策の実態を明らかにするとともに，その政策と登校拒否問題との関連を明らかにします。また，教育機会確保法と，法の三年見直しで再び浮上した「馳試案」についても批判的に検討します（第3章）。

第四に，第1章および第2章で深めた視点から，戦後の登校拒否とひきこもりの理論の歴史を振り返りながら批判的に総括し，理論的課題を明らかにします（第4章）。

また，補論Ⅰとして，登校拒否・ひきこもり問題と『男はつらいよ』について論じます。それは，登校拒否・ひきこもり当事者に『男はつらいよ』の世界が好かれていることと，社会の"溜め"をあげて『男はつらいよ』の世界に学び，新しい社会を創る視点について学びたいからです。さらに，補論Ⅱでは，ひきこもりの比較研究に学びます。

最後に，以上の分析を踏まえ，登校拒否・ひきこもり問題解決の道すじを明らかにします（終章）。

　私が本書で示す方法は，特に，第2章に見られるように，登校拒否・ひきこもり当事者の願いに徹底的に学び，当事者の視点から問題を考えていこうとするところにあります。

◆註
註1）この数は常識的に考えて，今日の格差＝貧困の進む，新自由主義社会日本の学校において少なすぎます。しかし，貧困家庭の子どもにとっては，学校の給食が命の綱ということで，学校に来るのかもしれません。なお，高校生の「経済的理由」による「長期欠席」は，2004年度の4,459名から，2018年度は，大幅に減少していますが，764名います。（文科省『平成30年度 児童生徒の問題行動・不登校等生徒指導上の諸課題に関する調査結果について』2019年10月17日）

註2）日本財団の調査によると，中学生の内「学校に行っていない期間が一定期間ある子ども（年30日未満）」，「教室外登校 — 学校の校門・保健室・校長室等には行くが，教室にはいかない子ども」，「基本的には教室で過ごしたが，授業に参加する時間が少なかった — 1ヶ月に遅刻・早退を5日以上したことがある，あるいは，授業を受けずに，給食だけを食べるためだけに登校したことがある」などの「不登校傾向」のある子どもは，合計で約33万人存在するとしています。文科省の定義する「学校に行っていない状態が一定期間ある子ども（30日以上欠席）」約10万人と合わせると，中学生に限ってみても合計43万人が「不登校傾向にある子ども」です。同調査は，この数は，全国の中学生約325万人の約13％で，文科省の調査した「不登校数」の約3倍。約8人に1人が「不登校傾向」だとしています（日本財団『不登校傾向にある子どもの実態調査 メディア向け説明会資料』2018年12月12日）

註3）拙論「ひきこもる人とともに歩む（その1）— ひきこもり問題の歴史・現状と克服の道すじ —」，「ひきこもる人とともに歩む（その2）— ひきこもり問題の歴史・現状と克服の道すじ —」ともに東京電機大学総合文化研究編集委員会 編『東京電機大学総合文化研究 第15号』同学刊，2017／「新自由主義社会と登校拒否・ひきこもり問題 — その歴史・理論と解決の道すじ —」同上第17号，2019参照。

註4）ひきこもり問題について出版された書籍も，2019年に入り「8050」問題に注目するものが増えています。参考として以下のものをあげておきます。
　　川北稔『8050問題の深層「限界家族」をどう救うか』NHK出版，2019／藤田孝典『中高年ひきこもり — 社会問題を背負わされた人たち —』扶桑社，2019／黒川祥子『8050問題 中高年ひきこもり，7つの家族の再生物語』集英社，2019／池上正樹『ルポ「8050問題」高齢親子"ひきこもり死"の現場から』河出書房新社，2019／共同通信ひきこもり取材班 編『扉を開けて ひきこもり，その声が聞こえますか』かもがわ出版，2019。

註5）前掲註1，p.84参照。

註6）東京都青少年・治安対策本部『平成19年度 若年者自立支援調査研究報告書』2008年5月／内閣府『若者の意識に関する調査（ひきこもりに関する実態調査）報告書』2010年7月／内閣府『若者の生活に関する調査報告書』2016年9月参照。

第 1 章 「よい子」のとらわれと登校拒否・ひきこもり問題

はじめに

　本章では，登校拒否・ひきこもり問題の背景および原因をどう説明するかを考えます。まず，いくつかの言説を紹介します。そして，私が依拠する説明の仕方として，「よい子」のとらわれについて深めていきます。さらに，「よい子」のとらわれの問題が，登校拒否・ひきこもりとどう関係しているのか，また，「よい子」のとらわれからどう自由になっていくのか考察していきます。

第1節 登校拒否・ひきこもりの背景および原因を説明する言説の紹介と私の立場

　登校拒否・ひきこもり問題が顕在化する背景・原因，つまり，登校拒否が戦後第二の激増の兆しを見せ，ひきこもりが100万人を超えて社会的な問題になった背景や原因を説明するのに，かなり説得的なものは，管見の限り主に以下の三つの説があります。

　まず，第一は「子どもの権利条約市民・NGO報告書をつくる会」による，次のような説明です。

　≪つくる会は，過去三度にわたって代替的報告書を国連に提出し，子どもに加えられているプレッシャーの程度を測る指標としていじめ，不登校，校内暴力，および自殺の四つを用いてきた。いじめはプレッシャーの転嫁を，不登校はプレッシャーの忌避を，校内暴力はプレッシャーへの攻撃を，そして自殺はプレッシャーを感じる自分への破壊を意味しているからである。これら四つの

現象が公教育から与えられているプレッシャーを原因としていることについては日本社会において異論が提起されたことはない（子どもの権利条約市民・NGO報告書をつくる会 2018：20）≫

この説明は，今日の「競争と管理」，「支配と抑圧」がますます強まる公教育によるプレッシャーからの「忌避」が登校拒否を生んでいるとする説明です。

確かに，この説明でも登校拒否激増の背景や原因をある程度説明はできます。しかし，大量に生まれているひきこもり，特に長期・高齢者のひきこもりまで説明できるかというと疑問が残ります。

第二は，高垣による，次のような説明です。

≪「思春期の第二の誕生」が，今日の「スピードと効率を追い求めて突っ走る日本社会の論理と『競争原理』に圧迫された『狭い産道』をくぐり抜けて誕生しなければならない」ための「『難産の苦しみ』の一つの現れが登校拒否であり，その遅延した姿が『ひきこもり』である」（高垣ほか 2015：105）。≫

すなわち，第二次性徴期が始まるとともに親や教師に反抗し，新しい自我を確立していく思春期という大切な時期に，社会や教育のあり方によって困難をきたしているという説明です。

この説明は，確かに私の出会ってきた青年および学生の現状に照らしても説得的です。

さらに，第三に紹介したいのは，村澤和多里の説明です。

村澤は，自らの臨床経験と諸調査[註1]をふまえ，登校拒否・ひきこもりに関して，いじめ体験の及ぼす影響が少なくないと言います[註2]。

また，横湯園子も自らの臨床体験等をふまえ，ひきこもりには，

≪思う以上に，いじめ被害者が多いのではないかと感じます（『しんぶん赤旗』2019年11月3日）。≫

と述べます。

この説明も私の臨床経験と合致しますし，登校拒否・ひきこもりの当事者の体験とも一致する部分があります。

以上，三つの説明は，それぞれに説得的な側面があります。しかし，今日の新自由主義社会において，学校における競争が，久冨善之の述べる1970年代後半〜1990年代初頭の「閉じられた競争」から，1990年代半ば〜今日の「階層化し

た競争」に移行している社会状況を前提に，特に，ひきこもりが男性に圧倒的に多い（男7：女3），しかも，長男に多い[註3]という現実などをふまえ，私は，思春期の「よい子」の「自分くずしと自分つくり」[註4]の問題，もう少し具体的に言えば，今日の子ども・青年が共通して抱えている「よい子」のとらわれと回復の道すじについて深めていく必要性を実感しています。

この点について，管見の限り，一早く指摘し，深めてきた研究者が高垣忠一郎です。高垣は今から40年以上も前に早くも「よい子」の問題を指摘していますが[註5]，その後の著作でも「よい子」の問題を，登校拒否との関連を重視して一貫して指摘しています。

一例をあげましょう。

≪思春期の子どもの登校拒否は，しばしば，そういう新しい自分を生み出していくための「生みの苦しみ」という意味をもつことがあります。この子の場合なら「よい子」の自分という「古い自分」から，「よい子」の枠に縛られない「新しい自分」を生み出していくという生みの苦しみを，登校拒否というかたちをとって生きてきたのです（高垣 2010:30）。≫

それは，私の40年の大学教員生活における経験と似ています。すなわち，以下に詳しく紹介するような，よい高校→よい大学→よい会社＝幸せという図式にとらわれ，父親は，相変わらず「会社人間＝企業戦士」，母親は「教育ママ」，子どもは「受験戦士」という三位一体の「教育家族」という図式の中で社会の「人材」になるように育てられ，その苦しさを様々な形で表現してきた多くの「よい子」の学生に出会ってきたからです。

これは，私が大学教員として，青年の中で比較的中流以上の所得階層の出身者と接してきたからかもしれません。

しかし，この「よい子」のとらわれと登校拒否・ひきこもりの関係と，その回復について考えることは，登校拒否・ひきこもり問題の原因や背景および解決の道すじをリアルにとらえる確かな一助になると考えます。

私は以上にふれた高垣らの指摘に学びながら，「よい子」のとらわれと登校拒否・ひきこもりの諸相と背景および関係，さらに「よい子」からどうしたら自立した人間になれるか等について以下に論じます。

第2節 | 大学生の「よい子」のとらわれの諸相と背景

　ここでは，「よい子」のとらわれの諸相と背景として，いくつかの実例を紹介しながら考察していきます。

1 「よい子」と学歴および受験

　「よい子」が学歴および受験にとらわれ苦しむ姿を綴った例があります。この例は，私が接した例としては一番多いものです。

私と「よい子」と家族

　私は，「よい子」についての講義がとてもつらかった。高校までの私はまさにそれだった。本当は私の人生なんてカラッポだったんだと悲しくなってしまう。大学に入り親元を離れることでようやく「よい子」の自分を壊そうと動き始めることができた。これからの自分つくりにつなげるためにも，「よい子」の過去を振り返ろうと思う。

　私の家はいわゆる高学歴の一家である。両親とも進学校卒業，そして大学を出ているし，祖母も名門高校を卒業している。親類も同じような高学歴だ。私は三姉妹の真ん中だが，三人とも地元の進学校に入り，そして姉は私と同じ熊本大学である。地元では「優秀な姉妹」として言われていたし，祖母は聞かれもしないのに私たちの学校のことを知人に話したりしている。小さい頃から三姉妹の中でも私が一番可愛がられていた。理由はいろいろあると思う。よく言うことを聞く，反抗しない，まじめ，そして頭がいいことなどである。まさに「よい子」の典型だったように思う。私はと言うと親にほめられるのはうれしかった一方で，他の人に私のことを自慢げに話す親，特に祖母に嫌悪を感じてはいた。中学校まではほとんど努力しなくても成績がよかったが，高校に入って自分より頭のいい人が大勢いることを知ってショックを受け，とてもあせったことを覚えている。高校では中学の時にはなかった順位の張り出しがあり，それが余計プレッシャーになった。親は「A子は実力があるから大丈夫。がんばって」ということしか言わなかった気がする。そして私は真面目に予習し，テスト勉強もちゃんとした。そしてだんだん順位が上がるにつれて，家では余計プレッシャーがかかってきた。「めざせ九大である」。このころの私は周りが見えていなかった。でも高校一年生の冬，友達関係がうまくいってなかったことなど

もあり，家で爆発してしまった。「クソババア」「死ね」「殺す」，壁は蹴る，殴る，ドアは乱暴に閉めるなどとにかく当たりちらした。けれど，ここが私が「よい子」であった所だと思うが，私が荒れてる理由を母たちに言うことができなかった。友達との関係が悪化していたからだろうと思っていたようだった。本当はプレッシャーが重荷になって仕方がなかったからである。あの時母親に「私に期待をかけないで」って言えていたら，本音で話していたら「よい子」から抜け出せたかもしれない。私にとって自分で切り開いていくきっかけをつかむチャンスだったと今，思う。でも私は恐ろしくてできなかった。私が反抗したら親が悲しむ，次第に「よい子」から「よい子」の仮面をかぶるようになった。「親を喜ばす為にいい点取らなくちゃ」などというプレッシャーはなくなる一方，親への不満を感じるようになった。しかしこれらの不満は口には出さず，心の中にためこんで行った。仮面をかぶりはするものの，やはり「よい子」の域は脱せなかった。反抗したり，自分の意見を通したくても「反抗しちゃいけない。親に反抗しては」という心が勝り，何も言えず，何も変わらなかった。心の中ではこんな自分に対するイラだち，親への不満はつのっていた。<u>「殺したい」と思うことも何回もあった。</u>私は本当に殺したりするようなことはなかったが，親殺しをしてしまった「よい子」はこんな風に心の中に憎しみ，不満をためこみ爆発してしまったのではないかと思う。こう考えると「よい子」の自分に中途半端に気づいてしまうよりは，自分が「よい子」だと気付かず，全くの「よい子」でいるほうが幸せかもしれないと思う。「よい子」の自分に気付き，それが嫌で抜け出そうと思っても，自分の「よい子」の部分が勝って反抗できず，自分へのいらだち，親への不満を心にしまって「よい子」の仮面を被ってしまう。それが悲劇につながってしまうのではないだろうか。私の場合はずっと心の中で「死ね」「殺す」などの言葉を言い続けていたためか，これらの言葉に何の抵抗も感じなくなってしまった。普段の会話でも平気で使うし，ムカついた時は誰の前であっても言ってしまう。

　「よい子」の仮面をかぶることについて，私の経験でいえば親が大きく関わっているのは述べた通りだ。<u>両親とのケンカは実はしたことがない。</u>叱られたことはあるが，お互い自分の意見を通そうとぶつけ合ったことがないのだ。親とのつきあいかたが「よい子」の私を形成し，そして今だに引きずることにつながったのだと思う。両親，特に父親は規律がきびしく，常に私たちを「子ども」として扱っている。…でも，いまだに親と本気で言い合いをしたことがない。あくまで親－子として接することしかできない。腹をわった話ができないのだ。私の「よい子」崩しはここで大きな壁にぶつかっている。本来はもっとそれが行われるべきだったと思う。まだ両親を一人の人間としてみることができない。一人暮らしをするようになって自分で考え，行動し，責任を持つことで私はようやく本当の自分をつくることができようとしているのだ。…

今の生活は今生きてきた中で一番楽しいし，初めて生きていることを実感している。以前は周りの反応が気になって仕方なかった。一人で何もできなかったのも結局は親の反応を気にしていちいち相談したせいだと思う。私が一人で決めてはいけないとさえ思っていた。私の人生は私のものというこんな当たり前のことがようやくつかめた。<u>自分をはじめて好きになった。</u>…

　このレポートを書くことで自分が今どうしたいのか，どうありたいのかがみえた。「よい子」の過去を振り返るのも嫌だった。講義を受けなかったら自分が「よい子」であったことも分からなかったと思う。自分のいままでいだいていた思いも「よい子」をキーワードに分析することができた。もし親元を離れていなかったら…と思うとゾッとする。両親の思うように生きてきた私はまさに「よい子」だった。そんな自分に気づかせてくれ，過去を振り返るきっかけを与えてくれた先生の講義を本当に受けて良かったと思う。自分つくりに欠かせないと思うからだ。本当の自分，なりたい自分になる為に「よい子」の仮面を脱ぐ努力をしたい。私が行動することできっと変わると思う。レポートを書いたことで改めて意思を感じた。こうやって「よい子」から抜け出し，自分つくりを始めようとしている学生は多くいると思う。救われたと言ってもいいかもしれない。私のようにきっかけをつかんで変わろうとする人を少しでも増やして欲しいです。自分の人生は一度しかない。自分で歩んでいくものだから。生意気なことを言っているかもしれません。でも私は先生の講義を受けて本当に良かったと思っています。ありがとうございました。これから少しでも多くの人の心を救うきっかけをあげて下さい。」(下線：引用者)

熊本大学法学部　A子(1999年入学)

　このレポートからは，「よい子」が作られていくプロセス，「よい子」の苦しさ，そして，「よい子」の苦悩と自己形成の様子が余すところなく伝わってきます。

　また，「よい子が暴発する」あるいは，「よい子が人を殺す」[註6]とも言われますが，そうなる原因もわかるような気がします。

　それでは，ここで，私が東京電機大学に赴任して最初に受け持った学生の描いた一枚の絵を紹介したいと思います。

　『ヒト科「イイコ」』と題した一枚の絵は，表紙は鉄格子の中に入った少年(少女か)が鉛筆を持って勉強しています。しかし，その表紙をめくると手には鍵を持っているのです。

　残念ながら，この絵には説明がありません。また，作者にこの絵の意味を聞く

機会を持つことができませんでした。そこで，類推するしかありませんが，おそらく，親の期待を受け，毎日一生懸命勉強している「よい子」は，その期待から逃れ自由になりたいと思っているし，牢獄から脱出し自由になれる鍵を持っている。しかし，その鍵を使ってよいかどうか迷っている，その様子を描いたものに思えます。

さて，本項の最後に，もう一人の学生の手記を紹介します。

図 1.1 『ヒト科「イイコ」』
（植竹なつき，東京電機大学，2000年入学）

私と「よいこ」

「コブタの気持ちもわかってよ」は，前島先生の授業で何回も読んだ絵本である。何度読んでも，私は「よいこ」であることの苦しさに気付かされる。

授業の最初で先生から「長男であることの親からの期待」の話を聞いた時，私の頭の中で家族の顔が浮かんだ。

私の父と母は共働きで，市役所に勤めている。先生になりたいという私に対して親は応援してくれている。妹も今年から私立の高校に通うようになって，両親は私達兄妹に期待しているのだろう。私は市で一番頭の良いO高校に入学するまで「よいこ」であり続けようとした。しかし，高校の学力競争に負け，入りたいと思っていた国立大学に落ち，今は入るつもりのなかった電大にいる。大学へ入って多くの人に出会った。私のことを優秀であるという友人たち，学力順位トップになったことを喜ぶ親。大学に入ってから私は「うつ」になりかけ，何日か休むようになった（落単しない程度に）。

私は教員になったら，私のような「よいこ」を作らないよう，幸せな人生を歩めるような生徒を世に送り出したい。

東京電機大学理工学部　B男（2016年入学）

私の現在の勤務先である東京電機大学理工学部は，2018年度の「生徒・進路指導論」の調査では，男子学生は第5志望で入学してくる学生が一番多かった。したがって，自己肯定感が低い学生が多い。しかし，先に紹介したような受験・学力競争に巻き込まれる中で「よい子」を続けてきて，その苦しみを訴える学生は少なくありません。

2　「よい子」と摂食障害

　「よい子」はその苦しさから，あるいは「よい子」の自分をくずすために，摂食障害，暴力，自死未遂，売春，宗教熱，ステューデント・アパシー（学生無気力症）および大学中退[注7]（一部は，その後ひきこもりに移行），などの「行動化」をします。

　以下，上記のうち「よい子」の摂食障害，自死未遂，そして売春について，私が受け持った学生の手記を紹介しましょう。

　まずは，摂食障害です。

「よい子」について

　私がこの授業を受講しようと思ったのは，「よい子」という言葉が私の胸にズキっときたからです。

　「よい子」が抱えている問題は，何もいじめだけではありません。「不登校」や「オカルト信仰」，「摂食障害」など，現在起こっている問題全てに「よい子」は関わっていると思います。ただ，その子どもがどの方面に転がり込んでしまうかで「いじめ」とか「オカルト」とかに枝分かれしていっているだけであって根本にあるのは，どの問題もどの子もほとんど変わりはないのはないでしょうか。そう考えると「よい子」の問題を解決しない限り，他の全ての問題もなくなりません。子どもの誰もが「よい子」になり得ると思うと，この問題は根が深い上に，一部ではなく社会全体の問題なのだなと改めて実感しました。

　私は「よい子」でした。でも当時私は死の直前に至るまで自分の中にある「よい子」の壁を崩せませんでした。

　私は高校2年生の時，神経性食欲不振症，つまり拒食症になりました。身長は161センチ，体重は31.8キロ。死んでいないのが不思議でたまらない，そんな身体でした。実際私は，死んでいないということは自覚していたけれど，身体の方は限界に達していて，脳も

萎縮してしまったこともあり，「生きている」という実感はあまりなかったように思います。ぼんやりと，「生きているのがしんどい。明日が来なかったらいいのに。」そう考えていたこともあります。私は今でもその頃のことを振り返ると涙が止まりません。なんでそこまで自分を追い詰めたんだろう。何が私をあんな姿にさせたんだろう，と自分で自問します。今でも時々，「これは夢なんじゃないのかな？　現在の私が夢の中の存在だったらどうしよう。」と考えてしまいます。大学に行ってやりたかったことを勉強して生活している自分は夢の中にいて，本当は，現実は私が高校2年生のまま進んでいなくて，ある日突然目を開けたら，そこにいるのは痩せて小さくなった身体を横たえている私だったらどうしよう…。そんなありえない事まで考えてしまうのです。

中学・高校と私は優等生でした。成績はいつもトップクラス，部活も中・高両方キャプテンをしていました。真面目というよりは，完璧主義者だったように思います。成績順位は一桁は当たり前，部活も，部内で一番上手でなくちゃいけない。そう思い込んでいました。いつも自分を厳しい条件の中に追い込んでいっていました。親も，私の成績が上位であることがあたりまえだと思っていたため，誰も私の完璧主義の危険さに気づかず，私はどんどん自分を追い込んでいっていました。自分でもそれが当たり前だと思っていたために自分を止められませんでした。また，心から自分で自分をほめることもできませんでした。自分で自分をほめてしまうと，自分がダメになってしまう気がしていたのです。

そんなに自分を追い立てていたため，また自分を許したりほめたりしてあげられなかったため，私は自分にいまいち自信が持てず，またそんな自分にイライラしていました。

身体がやせると，最初のうちは大丈夫ですが，そのうち集中力がなくなってきます。「いつもの成績をキープしなくちゃ」と焦ってがんばろうとするのですが，集中できず，ますます焦ってしまうばかり。親にがっかりされるのも，すごく怖かったです。私の環境全てが悪循環となり，私は精神的におかしくなりそうでした。そしてその時，もうダメだと感じるようになった頃，やっと自分を受け入れてあげるという事を知ったのです。どん底にきて，もう変なプライドとか全て捨てたからこそ，自分を受け入れてあげようという気になれたかもしれません。

親の考えも，私がどんどん衰弱して，痛々しい身体になるにつれ，変わりました。「成績なんてどうでもいい。C子が笑ってくれるなら，生きていてくれるなら，それでお父さんもお母さんも幸せなんだよ。」この言葉は親として当たり前の言葉かもしれないけど，私の両親は，私が拒食症になって以来，子供の人生にとって大切なのは成績じゃないんだと心から思うようになったそうです。

ただ，そういう考え方になってくれてよかったと思うけれど，子供が死に直面するまで気づいてくれていなかったのはとても残念です。私は今，もう死んで存在していなかった

可能性があるのです。

　私はなぜ成績に固執したのか。それは自分の変なプライドによるものも大きいけれど，「親の存在」もかなり大きかったと思います。親は私のよい成績を当たり前と思っていたため，手放しで喜んだりせず，「次回もがんばらないとね。」と，もう次のテストに私を向けさせる言葉をよく私にくれました。私は，きっと親の喜ぶ顔が見たくて勉強していたという部分もあるだろうと思います。親に誉めてもらいたくて…。そんな考えは幼い，それは分かっています。でも，今考えると確かにそうだったのです。あまり親に誉めてもらった記憶がないように思います（幼い頃）。

　私は拒食症を経て，「生きる」という素晴らしさをひしひしと感じます。「生きる」ということに比べれば，「優等生のよい子でいる」事なんてちっぽけな事に思えます。「生きている事はすばらしいんだ。」そう思います。でも現実は…。私は優等生では決してないけれど，やはり自分に自信が持てなかったり，みんなに合わせようとしてしまいます。

　こう考えて行くと，「よい子」でない子どもなんていないと思います。誰もが「よい子」から抜け出したいと思っているはずなのに。

　これからは学歴なんかよりも個性が尊重される，とよく言われるけれど，今の学校の教育体制や進学システムが変わらない限り，子どもや親たちは学歴を優先してしまうと思います。今の社会は競争社会です。個性は「競争」することなんてできません。競争には必ず優劣がついてきます。結局親は子どもを「優」のグループに入れるべく，「いい学校」に行かせようとするのです。私たちも競争社会に洗脳されているため，子どもができた時，自分が育てられたように子どもを育てるでしょう。しかし，ここでこの講義を受講したからには，この授業で話し合ったこと，得たことはきっと役立つはずです。この講義を受けることは「よい子」の問題解決の第一歩になったと思います。

熊本大学工学部　C子（1999年入学）

　私は，熊本大学在職中，病院で点滴を打ち，這うように私の授業に出席していたある女子学生を鮮明に記憶しています。その女子学生の身体はガリガリに痩せていました。私は，そのことから問題意識を持ち，女性はなぜそんなに痩せたがるのかが知りたくて，何冊かの本を読みました。摂食障害について読んだ本の中では，浅野千恵の『女はなぜやせようとするのか　摂食障害とジェンダー』が一番参考になりました。浅野は，ジェンダーの視点で見事に摂食障害のメカニズムを論じています。

しかし，ここでは，C子さんの摂食障害は，「よい子」との関連で描かれています。そして，かなり説得的に書かれています。おそらく，共通する問題は，次節で検討する自己肯定感の問題と関わってくると思います。

3 「よい子」と自死未遂

日本の青少年の自死も，極めて深刻な状況にあります。厚労省によると2018年度，自死した少年・少女は約600人です。また，2015年度の15歳から35歳の若者の死因のトップは自死です。ほかの国，たとえばアメリカおよびイギリスなどは事故です[註8]。

少年・少女の自死といえば，「いじめ自死」がまず注目されます。確かに，いじめ自死は，今日の教育問題の焦点の一つといえるでしょう。しかし，自死を若者全体の問題に広げて考えると，今日の日本が若者にとって，とても生きにくい社会であることが浮かび上がってきます[註9]。

ここでは，私が2018年度に教えたD君の手記を紹介し，若者の自死の実態に迫りたいと思います。

「自殺体験で感じたこと」

生徒進路指導論のグループワークでは「自死」グループに所属し，私自身積極的に自死への関心を深めてきました。講義の中でも「自死」というテーマ，話題には強い関心を寄せました。さらにこれまでのレポートの中でもなんども自死ということにふれてきました。どうして私がこれほど自死にこだわり，関心を持つか？　には理由があります。

それは，私が自殺を一度試みたことがあるからです。

今では多くの若者がスマートフォンを手にし，誰でもどこでもネット検索を行うことができます。もちろん自殺のやり方についても同様です。実際に「自殺　方法」と調べてみると，紹介ページがいくつも出てきます。その中で紹介されていく，必ずといっていいほど載っている手法があります。

それは首吊りです。首吊りはあまりに簡単，簡単すぎるほど実行に移すことが可能です。自分で用意するのはベルト一本のみ，あとは2mほどの高さを稼ぐことができ，自身

の重さに耐えられるものがあればそれだけで実行が可能です。私がしようとした自殺方法はこの首吊りでした。自身の首にベルトを自室でつけ自体が外れないか確認をし公園の木を使い実行に移そうとしました。木にベルトを結び，輪っかを作ればあとは首を入れるだけ。ですが，私は首を入れることができませんでした。

　今でもその時の景色をよく覚えています。そして当時の自分に様々な感情を覚えます。死ぬ勇気すらなかった自分への怒りや無力感が同時に，ぐちゃぐちゃに芽生えてくるのです。また，似た者同士が惹かれ合うというのでしょうか，私の友人にも幾人か自殺を試みた，試みようとする友人がいます。彼らに聞いたことがあります。「死んだ後のことは考えたことはなかったか」と。すると考えたとする方と考えなかったとする方で半々でした。私は考えました。今，それによって自殺できなかったと感じています。

　なぜ現代の若者たちは自殺を選んでしまうのでしょうか。生きているからこそ幸せを感じられる，未来がある。そうやって大人に言われて育ってきました。そうやって大人に言われ育ってきたはずなのに。自殺寸前までいった私にはわかります。自殺を選ぶ方々には未来の幸せも必要としていないのだと。

　死ぬということ。それは現世からの飛躍だと私は思っています。今自分が生きている世界を過去・現在・未来全てを捨ててでも現世から死の世界へ飛んでいきたい，その思考が私たちを自殺へと導きます。私は自殺を決心したのは大学受験期でした。2月の冬，センター試験を終えていよいよ二次試験という時の話です。私は国公立を第一志望にしていたのでセンター試験はまさに<u>命</u>がけで挑みました。しかし結果は惨敗，意気消沈しました。

　センター試験という動かぬ証拠によって私は両親と先生に実際には何も言われませんでしたが，感じました。見放されるような，落胆，がっかりされるような空気を感じたのです。事実，先生と親がそう思っていたかはわかりません。ですが見えない何かにずっと怯えていたのです。それが良い子でいなければならない，ということだったのかもしれません。

　センターで惨敗した私は二次試験の対策をしていても一向に力が入りませんでした。先生と親からは暗い空気を一方的にですが感じていたため相談もできずただ孤独に，無為に時間が過ぎて行きました。まさに地獄のような日々でした。いくらペンを持っても続かない，勉強をしなきゃと思ってもできない。これじゃ落ちる，落ちる，落ちる。そうして1日を過ごし，私立の入試を受けました。当然勉強はできていませんから私立大学入試も落ちて，落ちて，落ちました。目指していた国公立前期日程もテストの手応えは0，受験は後期日程まで延長されました。終わらない受験，受けても受かるはずのない入試。そのための勉強をする，闇の中をずっと一人でいるような感覚でした。そして思ったのです。今まで勉強と努力してきた『過去』，受かるかもしれない『未来』もいらない。<u>今いる地獄＝『現在』から飛んでしまいたい，</u>と。

そうして私は自殺の準備をしました。使うベルトを選び近くで吊れる木を公園で見つける，1時間もかからない準備でした。しかし私は飛べなかったのです。それは私が未来を捨て切れなかったから，死んで未来がなくなる恐怖に打ち勝てなかったのです。私は「死ぬ恐怖」の向こう側に行けなかったのです。

　私の友人も同じように自殺直前までいった私に彼は「これからのことは考えなかった，『ただ解放されるんだ』としか思わなかったね」と語ってくれました。彼はまちがいなく死ぬ恐怖を克服していました。それでも彼は死ななかった。そんな彼を止めたのは「友人」だといっていました。

　私が自殺を思いとどまったことに他の人は直接登場しませんが，そのほかの知り合いの『死ぬ恐怖』を克服していた人も，聞くと友人が止めてくれた，または親が止めてくれたと口々に言います。私も頭の中には友人と死後迷惑をかけるであろう親，これまで教えてくれた先生が逡巡していたのをよく覚えています。

　自殺を止めるには近くの人がとても大事だと私は思います。特に親という存在は生まれてからずっと近くにいるので大きな存在です。その人から暗い空気，疑心や不信を感じたら子は当然怖くなります。私は家に帰るのすら怖く，帰りたくないと思うようにもなっていました。だからこそ親はその子の失敗も受け止めてあげることが大切だと思います。また，その友人と先生も同様です。…死なせたくない人を死なせないためにはまず目に見えないマイナスの空気を払拭してあげることです。それが声をかけてあげるということなのです。あなたのことが大事，信じてる，愛してるなんでもいいです。それがlineでもメールでも手紙でも口頭でもなんでもいいんです。伝え続けれていればその人は死にません。安心感を，生きていていいんだと思えるようになります。死にたい人の生きたいをマルに変えてあげる，生きてていいんだ，それを伝えられる人が伝えることで死にたい人を止めることができると私は思います。(下線：引用者)

東京電機大学理工学部　D男(2017年入学)

　日本では，若者の自死が多発し，死因のトップであること，そして，そのことが近年ますます社会的な問題になっていることはすでにふれました。また，いじめ自死も年間約10件程度起こっていることも事実です。

　私は，30年近く前からいじめといじめ自死に関心を持ち，何冊かの著書も公にしました[註10]。自死，とりわけいじめ自死の背景・原因については，遺書で加害者の名前を残すことが少なくないので，「報復」というキーワードでとらえら

れるのか，あるいは，「絶望」というキーワードでとらえられるのか色々と考えてきました。しかし，その二つのキーワードでも何かすとんと腑に落ちないものを感じてきました。

しかし，2018年青森市の「葛西りまさんいじめ自死事件」の第三者委員に参加する中で，ある精神科医師から聞いた話で納得することができました。

その医師は，自死既遂者の背後にいる10倍以上の自死未遂者の話を多く聞いているそうです。そうすると，自死は，現実の地獄から離脱することととらえていたと多くの自死未遂者が言っているとのことでした。

先に紹介した，自死未遂者D君の体験もそのことを裏付けています。また，今日の受験競争は，命を賭けた戦いになっていることもわかります。

そうすると，何が現在の若者の心境を「地獄」とさせているか，その社会的背景を明らかにすることが重要な課題となります（第2章および第4章で詳述）。

4 「よい子」と「売春（ウリ）」について

「よい子」は，様々な形でその苦しさから逃れるための「行動化」をします。その一つとして，女子学生では，リストカットや売春（ウリ）をする場合があります。私も，これまで，売春（ウリ）をした学生に何人か出会ってきました。

次にその一例を紹介します。

ウリについて

私の親は愛情たっぷりに育ててくれました。両親のこと好きです。

先生は親の愛が足りなくて，とか言ったけど私は違います。他の人はそうだと思います。なんか親を悪く言われたような気がしたので，これを書きます。

高校生ってなんか悪ぶってるっていうか，いい子でいるのがいやなんです。そんで万引き，たばこしました。仲よしのグループの中の私ともう一人だけのことですが，2人でいつもつるんでいました。友だちは高1から，ウリしてて，私も来ていると全く罪悪感がなくなって，そして高2のときテレクラにTELしました。ラブホに行くまで車の中では，殺されませんように，ちゃんとお金もらえますようにとしか考えられなかった。

んで，おわってみたら，お金もらって，けっこういい人で，なーんだこんなもんかって

かんじだった。こうかいはずっとあとからで，なんかかくさないといけないカコが，友だちに言えないことが，親にももうしわけないことが，あるってことがいやになって，そんでどんどん考えるようになった。ハゲもできた。けど，大学へ入って，あのことは忘れようとして，あれは他人のように思えて，罪の意識がうすくなったけど授業でアンケートして，なんか，うそかくの嫌で，かいてしまったら，また，高校の時みたいにおもいだして，すごく今くるしい。

でもきえるわけでもないし，これが自分の犯した罪の重さです。このことは中学の友だちに一人，高校の友だち，大学で一人さっき話しました。また思いつめそうで，思い切って話しました。

なんか，うまくかけないので，こんど，話しにいきます。

どうにか，このくるしみがうすれるアドバイスください。

熊本大学教育学部　E子（1999年入学）

　この女子学生は，後ほど私のところに泣きながら相談に訪れました。この女子学生も，高校生のとき，やはり「よい子」でいることの苦しさ，虚しさからの自分くずしとして，万引きをしたりタバコを吸ったりしたあげく，売春（ウリ）をしてしまいます。

　以上，いくつかの例に共通するキーワードは「よい子」です。そして，家庭内暴力や自殺未遂，摂食障害および売春（ウリ）などの「行動化」に共通するのは「よい子」の自分くずしの試みであるとまとめることができるでしょう。

　なお，以上の例では出てきませんが，私が熊本大学在職中，1990年代前半までは，少なくない学生が新新興宗教にのめり込んでいく姿を目撃し，大変不思議に思い，いくつかの論文を公にしました[註11]。この問題は，現在も続いていますが，もし1995年のオウム真理教による「地下鉄サリン事件」[註12]がなかったら，若者・学生の「宗教熱」はさらに進み，多くの若者および学生がさらに取り込まれていったと推察されます。この，宗教熱に若者および学生が取り込まれたキーワードも，やはり「よい子」の「虚しさ」だと私は考えています。

　それでは，次節で，「よい子」のとらわれと，登校拒否とひきこもりがどう結びついているのか，当事者の体験に学び検討しましょう。

第3節 ┃ 「よい子」のとらわれと登校拒否・ひきこもり

　ここでは，主に当事者の手記に学び，「よい子」のとらわれの実相に迫っていきます。

　まず，取り上げたいのは，上山和樹の2001年の手記『「ひきこもり」だった僕から』です。

　上山のこの手記は，ひきこもりに関する研究書では，ほとんどの研究者が取り上げています。そして，次に紹介する上山の手記の冒頭の「詩」も何人かの研究者が取り上げています[註13)]。

　　　僕は，自分の意思でこの世に生まれてきたのではない。
　　　気がついたら，「ここにいた。」
　　　まわりに，得体の知れない世界。
　　　いつの間にか成立していた，＜自分＞というもの。
　　　引き受けようと，努力した。

　　　「与えられた自分」を
　　　「自分で選び取った自分」に転化させようとして
　　　失敗し，
　　　途方に暮れてしまったのが
　　　あの状態だった……

　この「詩」は，登校拒否・ひきこもり問題ばかりでなく，「よい子」の「自分くずしと自分つくり」の問題，そして，特に，思春期の「第二の誕生」の「難産の苦しみ」[註14)]の問題を考える上で示唆に富むものです。

　上山の手記を読んで私は，ひきこもる人の日常生活がよくわかるとともに，ひきこもる人はある意味哲学者だと思いました。

　上山は，転校した後，

　　　≪いつの間にか，自分が誰にも評価されない存在になっていることに気づ

く。『新しく来た奴のくせに』そういう目線や雰囲気を感じる… (中略) …『優等生』をいつの間にか演じ始めた … (中略) …『自分がどうしたいのか』よりも，『優等生はどうでなければならないのか』。人々の頭の中にある『優等生』というプロトタイプに合わせる知的配慮が，最優先となってしまう。窮屈だが，これしかわからない，ここで生き延びてここで生きていくやり方は（上山2001:26-27）。≫

上山は，「優等生」＝「よい子」として生きていくことを決意します。そして，有名塾へ通い始めます。塾では，激しい体罰があったり，地図帳を忘れた罰として顔に黒々と油性マジックを塗られるなどの仕打ちを受けます。しかし，上山は，そういう仕打ちにもめげず，ひたすら「有名高校（灘高校）→有名大学」を目指しがんばります。そのような上山に，

≪中学二年の十月，異変が始まる。朝，腹が痛くてなんどもトイレへ。必死の思いで学校へたどり着いても，チャイムが鳴り，『教室』という空間に閉じこめられた途端，息が詰まり，冷や汗。やがて，下腹部に激痛がはしる。猛烈な便意。五十分の授業時間中に，二度，三度と手を挙げてトイレへ。… (中略) …さらに休み時間，こらえきれずトイレに行くと，男子たちに上から覗かれ，出口に三十人ほどで花道，出ていくと歓声と拍手。思春期のさなか，まわりに女の子もいる状況で，拷問のような日々がはじまった（同上 2001:40）。≫

上山は，このような身体症状に耐えきれず，間もなく中学校の登校拒否をし始めます。そして，ようやく行った高校でも言語に尽くしがたい仕打ちを受けます。

≪通学初日，オリエンテーション。ジャージに着替え，校庭で整列。『前に倣え！』いきなり殴られた。わけがわからない。『なんじゃ，その手の角度は！』腕が少し下がっていたらしい。怪訝な顔をしたら，『なんじゃコラ，その態度は！』さらにビンタ。パンチパーマで，薄いグラデーションのサングラス。ヤクザにしか見えない。恐怖で震えあがる。

さらに，「建物の中に入る前に脱帽しなかった」（ため）整列させられて順番にビンタ。生徒手帳には『男女交際禁止』，『通学途中の買い食い禁止』，『男子丸坊主』… (中略) … 帰宅しても，理不尽に自分を殴った教師に腹が立って，何もできない。一日で行かなくなった」（同上 :42-43）。≫

以上，上山の目指す「優等生」＝「よい子」像が，学校における「競争と管理」に

より崩れ＝「挫折」し，登校拒否する様子がよく描かれています（この「競争と管理」の社会的背景と，登校拒否・ひきこもり問題との関係は，第3章で詳述）。

次いで，2011年に『安心引きこもりライフ』を出版して有名な，勝山実の例を紹介します。勝山は，

≪勉強はよくできました。母親が『教育ママゴン』だったので，勉強しないということは僕にとって死を意味します。一メートルの距離から国語辞典を投げつけましたから。低学年から非常に厳しかったです。子供が折檻されて亡くなったという話が最近よくあるじゃないですか。すごくリアルですね。僕も一歩間違えれば，と思います…（中略）…でも，中学の間は成績を維持していました。他に道はないですから。僕は，「プチエリート」みたいなつもりでいて「この愚民ども」なんて思っていました。「俺は良い高校入って，良い大学に入って，良い会社に入るんだ」と…（中略）…高校は，県立の一番いいところにぎりぎりで受かりました。やはり母の希望でした。僕は別に一番じゃなくても，もっとのんびりできるくらいの学校の方が良かったんですが。授業料は親に出してもらうわけですから，逆らえないと思っていました…（中略）…高校に入ってからは家でも学校でも1分たりとも勉強していません。きっと暗記訓練に耐えられなくなっていたんですね。…もう頭がテンパっちゃっていたんで，教室で座っていられなかったんです。じっとしていられない，じっと黒板を見ていることができない。今思うと神経症みたいでしたね。多分僕は，高校受験で全てを出し切っちゃったんですよ。大学受験で出し切っていれば，まだよかったんですが。それから部屋に引きこもったんです…（中略）…母親は発狂状態でした。さすがにもう手は出なかったけれど，「キー」とか大声あげて，僕の名前を呼びながら，部屋のドアを叩いていました。壊されたこともありますよ。ベルリンの壁みたいに（笑）。倒れたドアの向こうには，泣き崩れた母親がいるんです。母親の狂ったみたいになっているのが苦痛で，僕は部屋でピリピリしています（勝山 2000:10-14）。≫

以上のような経過で勝山は，ひきこもります。これも「よい子」の自分くずしの一例です。ただし，勝山は，まだ「よい子」のとらわれから抜け出せず，しばらくは，東大・早稲田などの「一流」大学を目指して受験勉強に励んだり，芥川賞を目指して創作に励んだりした後，ようやく落ち着いてひきこもり，上にあげ

た『安心ひきこもりライフ』などを書く心境になります。

この節の最後にもう一例紹介します。ある私立中学校に通っていた井上文の例です。井上は次のように述べます。

≪中学生の頃，私は有名校を目指す優等生だった（井上 1994:11）。≫

さらに「偏差値」魔術に取り込まれた様子を振り返り，

≪中学生のころ『偏差値』という名の催眠術にかかった … （中略）… 最初のテストの偏差値は低かった。「それ以来だ。いつも頭の中に偏差値という数字が消えなくなった。いまいましい数字を変えるために，私は参考書を開くようになった。

次第に，偏差値は上がっていった「だが，どうしてだろう。しだいに虚ろな気持ちになった。成績の悪いころにはあいさつも交わさなかったクラスメートが，私のところへ来た。どこの塾に行くようになったのか教えてほしい，とたずねた。仮面のような笑顔だった。

偏差値が上がったのは，何かを付け足したのではなかった。他のものを一つ一つ消してしまっただけのことだ。私の頭の中は，偏差値の数字だけが残っていた。

偏差値という数字のマジックを繰り返すうちに，私は催眠術から覚めてしまった。中学三年のころだ。気がつくと，上等の数字を成績表に収めること以外に，私は何もなくなっていた。好きなものが何もなかった。偏差値に出会う前は，そうではなかったはずだった（同上 :15-17）。≫

以上のような経緯で，「偏差値」を上げることに疑問を持った井上は，同時に，有名高校を目指し，受験競争とよい内申書を書いてもらうための「よい子」競争に疑問を持ち始め，その疑問が身体症状として現れ始めます。

そして，ある日高校にはいかないことを決意します。その後，井上は，しばらくして大検を受け大学に進学しますが，やがて大学は中退します。

ここにも，井上の体験を通じて「よい子」の苦悩と自己形成の苦闘を見ることができます。

以上，三つの例を通じて，「よい子」がどのように形成されるか，そして，何に苦しみ転機を迎えるか，さらに，そのことが登校拒否・ひきこもりとどう結びついているのかがわかったと思います。

それでは，本章の最後の節として「よい子」のとらわれからどう自由になるか，そのヒントを得るために考察を加えてみたいと思います。

第4節　「よい子」のとらわれからどう自由になるか

これまでの記述を通じて，「よい子」のとらわれがある程度，現代の青少年に普遍的な問題であることに加え，「よい子」の苦しさ，「よい子」と登校拒否・ひきこもりとの関連がつかめたことと思います。

そこで，本章の最後に，「よい子」のとらわれから自由になるヒントについてふれたいと思います。

私は，授業で教材として絵本の読み聞かせを度々行います。また，絵本を用いた授業の成果として，これまで何冊かの本を出版してきました[註15]。

まず，ここでは，学生に読み聞かせをしてこれまで一番共感を得てきた小泉吉宏の絵本『コブタの気持ちもわかってよ』を紹介したいと思います。

> ママはいつも「はやくあるきなさい」という。／ボクは犬のことや花のことやまちのことを／もっとゆっくり見ていたいのに。／ケムシをうちへつれてかえったら／ママがとてもおこった。／カブトムシをつれてかえってもおこらないのに。／ボクはケムシもカブトムシもすきなのに。／いじめられたことをパパにはなしたら／もっとつよくなれっていった。／つよくなれるほどつよかったら／ボクはいじめられていないよ。／はやくかんがえるのはとくいじゃない。／パパやママやせんせいには／わからないことってないんだろうか。／こどもはみんなサッカーがすきなんだって／かってにきめてるせんせいがいる。／「きょう，さかあがりができたんだよ」／ママはいそがしくて聞いてくれない。／きょう，さかあがりができたのに。／たいせつなおもちゃをこわされてボクはおこった。／「あなたのほうがおにいちゃんなんだから／がまんしなさい」ってママはボクにおこった。／おこったきもちはボクのなかにとじこめられる。／ボクはきもちをはきだせない。／おおきなこえでなきはじめたとたんに／「泣くな」っておおきなこえでおこられた。／かなしいきもちはボクのなかにとじこめられる。／ボクはかなしみをはきだせない。

／じぶんのきもちをうまくはなせない。／おなかがいたい。／またパパとママがけんかしている。／ボクのせいかなあ。／ボクはこわくてだまってる。／ボクいいこになるよ。／だからそんなにおこらないで。／いい子になればおこられないよね。／つかれちゃう。／パパにもママにもおこられたら／ボクはどこに行けばいいの？／コブタのきもちもわかってよ。

　この絵本には，コブタが自分の気持ちを親や教師に受け止めてもらえない辛さ悲しさとともに，次第に「よい子」になっていくプロセスがリアルに描かれていると思います。そういう点が，多くの学生の心を打ち，共感されるのでしょう。
　この絵本に対しては，ある学生は次のような感想文を書いています。
　《今日紹介された絵本の中で『コブタの気持ちもわかってよ』が一番心に残りました。私も昨日，親に一日あったことをなどを話しました。母はいつも話を聞いてくれるのですが，昨日は仕事で疲れていて聞いてくれず，父は，私が話しているとすぐに首を突っ込んできて私の話を聞かずに話し続けていて嫌な気持ちになりました。
　『コブタの気持ちもわかってよ』を読み，自分と重なる部分があり，とても共感できました。ひとが何か話したいと思っている時，相手に求めるものは，その話に対しての意見より，話を聞いてくれることだと思います。話を聞いてもらうだけで，気持ちは少しでも楽になります。私も相手が何か話したそうにしていたら，静かに話を聞いてあげたいです（東京電機大学理工学部，2018年入学，女）。》
　さらにこの絵本や学生が描いた「よい子」に関する絵や絵本を紹介しながら，「よい子」の問題に迫っていきます。
　ここで，「よい子」について学んだ2人の感想文を紹介します。
　《『よい子』というのが，ものすごく自分に当てはまるなと感じた。私の家は，両親とも中学の先生で，私としては厳しく育てられてきた気がする。小さい頃，親に怒鳴られたことは何回もある。おかげで親の顔色をうかがってしまうようになった。今でもそうなのかもしれない。自分のような家庭が他にもあるのか，インターネットで調べたこともあった。でも，出てくる記事は，私の親以上にひどい親の記事だった。友達には『反抗すればいいのに』と言われた

ともあった。でも無理だった。親に怒られたくなかったからだ。初めて，親と喧嘩したのは，大学進学の時だった。最近やっと『よい子』を抜け出しつつある気がする。でも，心のどこかでは『よい子』を引きずりながら，生きている気がします（同上，2018年入学，男）。≫

　≪今回は『よい子』について学んだが，共感できる部分がたくさんあった。また，感動する場面もあった。私も『よい子』だったのかなと初めて感じた。何か間違えたり，悪いことをすると怒られ，叱られる。それは兄の姿を見て学んでいた。できるだけ親の負担にならないように『よい子』でいようと頑張っていた。でも『よい子』でいることを考えすぎて，じぶんの気持ちを素直に言えない人間になってしまった。何が食べたい，何がしたい，何を学びたい…なかなか素直に言えず一人で抱え込むこともあった。しかし，素直に言える勇気があればスッキリするし，気持ちも楽になることも学んだので，今は素直に自分の言葉で相手に気持ちを伝えられるように努力している。学生がつくった絵本などを拝見して，悩んでいる人，一人で抱え込んでいる人がたくさんいることを知った（同上，2018年入学，女）。≫

　この2人の学生の感想文には，「よい子」になるプロセスと同時に「よい子」から抜け出すヒントが隠されていると思います。

　それは，前者は「親に対する反抗」であり，後者は「自分の気持ちに素直になること」です。

　この二つの事柄はそれぞれ，いわば，子どもが思春期の「第二の誕生」を迎え，親から自立していくときに大切な事柄です。

　そこで，次は登校拒否・ひきこもり問題に関わりながら，「よい子」のとらわれから自由になる方途を探ってみたいと思います。この課題は，本書の終章でさらに詳しく論じますので，ここでは，そのヒントについてふれます。

　私は授業では，以下の吉野弘の詩『奈々子に』を紹介します。

『奈々子に』
赤い林檎の頬をして／眠っている　奈々子。／お前のお母さんの頬の赤さは／そっくり／奈々子の頬にいってしまって／ひところのお母さんの／つややかな頬は少し青ざめた／お父さんにも　ちょっと／酸っぱい思いがふえた。／唐突

だが／奈々子／お父さんは　お前に／多くを期待しないだろう。／ひとが／ほか
からの期待に応えようとして／どんなに／自分を駄目にしてしまうか／お父さ
んは　はっきり／知ってしまったから。／お父さんが／お前にあげたいものは
／健康と／自分を愛する心だ。／ひとが／ひとでなくなるのは／自分を愛する
ことをやめるときだ。／自分を愛することをやめるとき／ひとは／他人を愛する
ことをやめ／世界を見失ってしまう。／自分があるとき／他人があり／世界があ
る。／お父さんにも／お母さんにも／酸っぱい苦労がふえた。／苦労は／今は／
お前にあげられない。／お前にあげたいものは／香りのよい健康と／かちとる
にむずかしく／はぐくむにむずかしい／自分を愛する心だ。

この詩に対して，ある学生は，以下のような感想文を書いています。
　《吉野弘詩集の自分を愛する心というのはとても感動しました。自分を愛す
る心というのは持っていないと，生きていくのにとても辛いと感じました。自
己肯定感を高く持った方が生きていくのが楽になると感じました。…（東京電
機大学理工学部，2017年入学，女）。》
　私は，学生が，「よい子」のとらわれから自由になっていくためには，高垣が
提唱するように，自分を好きになること，あるいは「自分が自分であって大丈
夫」，「自分の丸ごとをありのままに肯定できる感覚」＝「自己肯定感」を育てる
ことの重要性を強調します。
　このことは，「よい子」のとらわれから自由になると同時に，登校拒否・ひき
こもりから回復するためにも重要なことだと思います。
　なお，登校拒否・ひきこもり問題を考えるために，授業では，山田洋次監督
の映画『十五才 学校Ⅳ』を学生と一緒に観ます。その映画では，登校拒否をした
15歳の大介君が，家出して屋久島の屋久杉を見に行く途中で出会った，ひきこ
もりの登君から，スローイズビューティフルの思想を学びます。また，登山の案
内をしてくれたお姉さんからは，学校に行く・行かないは自分で決めること，し
かし，学校に行かなくても人間は一人前にならなければならないことを教えられ
ます。一人前とは，いわば「自立」ということです。山小屋で大介君が，一人前
になるとはどういうことかと尋ねると，お姉さんは「まず，自分を好きになるこ
とね。そこから始まるのよ」と答えます。この「自立」をめぐる問題は，第2章

と第4章，および終章で詳しく検討しますが，この，お姉さんの言葉は，先にふれた高垣の考えとも重なる考えだと思います。

第5節 ┃ 小括

　以上，本章では，「よい子」のとらわれと登校拒否・ひきこもり問題に関して，まず，登校拒否・ひきこもり数激増の原因を説明する三つの考え方を紹介しました。そして，その三つの考え方のそれぞれが持つ有効性に着目しながらも，それを補強する考えとして，私の「よい子」のとらわれの問題に注目する必要性を論じました。

　そして，次に私の40年の大学教員生活で出会った学生に注目し，「よい子」のとらわれの諸相と背景についてふれました。

　さらに，「よい子」のとらわれと登校拒否・ひきこもりということで，特に高垣の指摘にも学びながら「よい子」が今日の新自由主義社会における「競争と管理」によって「よい子」という概念にとらわれ，それゆえに，登校拒否・ひきこもりという道を通らざるを得ない実情を，何人かの当事者の手記に学び明らかにしました。

　最後に，「よい子」のとらわれからどう自由になるかという点について，私の大学教育実践に基づき，「自己肯定感」というヒントを考えました。

　それでは，次章では，「登校拒否・ひきこもり当事者の声に耳を傾ける」ということで，当事者の声に学びながら，登校拒否・ひきこもり問題について深めていきたいと思います。

◆註
註1）序章の註6参照。三つの調査いずれにおいても，ひきこもりの原因およびきっかけにおいて，いじめが4割前後存在することをあげています。
註2）村澤和多里「『ひきこもり』についての理解と支援の新たなる枠組みをめぐって：心理―社会的な視点からの探求」『北海道大学博士論文』2017，p.65-66参照。
註3）斎藤環 編『ひきこもる思春期』星和書店，2002参照。
註4）竹内常一『子どもの自分くずしと自分つくり』東京大学出版会，1987参照。
註5）高垣忠一郎 ほか『小・中学生の発達と教育 子どものとらえ方』創元社，1977参照。
註6）村山士郎『なぜ「よい子」が暴発するか』大月書店，2000/尾木直樹『「よい子」が人を殺す なぜ「家庭内殺人」「無差別殺人」が続発するのか』青灯社，2008参照。

註7）大学中退は，2008年度約5万人，2012年度約8万人と増えています。そして，大学中退後の進路は，正規雇用7.5%，非正規雇用70.9%，失業・無業15.0%となっています。この中で，非正規雇用からひきこもりに移行する部分と失業・無業からひきこもりに移行する部分が存在すると思われます。

　なお，大学中退率は，偏差値別に見ると以下のようにほぼ見事に，偏差値の低い順に大学中退率は高くなっています。

　偏差値39 − 17.2%，40 〜 44 − 16.9%，45 〜 49 − 11.5%，50 〜 54 − 6.8%，55 〜 59 − 5.0%，60 〜 64 − 2.9%，65 〜 69 − 3.0%，70以上 − 2.2%（労働政策研究・研修機構『大学等中退者の就労と意識に関する研究』2015年5月）。

註8）厚労省『平成30年中における自殺の状況』2019年3月28日および『令和元年版 自殺対策白書』2019年7月16日参照。

註9）雨宮処凛『生きさせろ！ 難民化する若者たち』太田出版，2007／湯浅誠 ほか編『「生きづらさ」の臨界 "溜め"のある社会へ』旬報社，2008参照。

註10）拙著『いじめ ─ その本質と克服の道すじ ─ 』1995／『増補・いじめ ─ その本質と克服の道すじ ─ 』2003など。ともに創風社刊。

註11）現代の青年および学生とオカルト・ブーム，あるいは新新興宗教について私が書いた論文は以下の四点です。

1. 「現代天皇制とオカルト・ブーム ─ 『人間の力を超えたものに対する畏敬の念』概念を手がかりにして ─ （その1）」『熊本大学教養部紀要，人文・社会科学編』第26号，1991。

2. 同上（その2），同上，第27号，1992。

3. 「子ども・青年とオカルトブーム ─ その原因のとらえ方をめぐって ─ 」あゆみ出版『わが子は中学生 No.202』同社刊，1993。

4. 「現代青年とオカルトブーム ─ その本質と克服の道すじ ─ 」創風社『季刊 経済と社会 4』同社刊，1995。

註12）「地下鉄サリン事件」については，書籍はたくさん出ています。当面，中西新太郎 編『1995年 未了の問題圏』大月書店，2008／門田隆将『オウム死刑囚 魂の遍歴 井上嘉浩 すべての罪はわが身にあり』PHP研究所，2018／江川紹子『「カルト」はすぐ隣に オウムに引き寄せられた若者たち』岩波書店，2019をあげておきます。

　なお，1995年というのは，「地下鉄サリン事件」ばかりでなく，本書第3章でふれる，日経連の『新時代の「日本的経営」』が出され，同時に，「阪神・淡路大震災」が発生し，さらに沖縄において，アメリカ兵による少女暴行殺害事件が起き，怒りの10万人集会が行われた年であり，ある意味戦後を画する年です。

註13）高垣忠一郎 ほか『ひきこもる人と歩む』新日本出版社，2015のほか，関水徹平『「ひきこもり」経験の社会学』左右社，2016など。

註14）高垣忠一郎 ほか『ひきこもる人と歩む』新日本出版社，2015，p.105参照。

註15）拙著『大学教育と「絵本の世界」（上巻） ─ 障害児・いじめ・不登校問題を考える ─ 』1998／『おとなのための絵本の世界 ─ 子どもとの出合いを求めて』1999／『学生の描いた絵本の世界』2014／『大学教育と「絵本の世界」（中巻） ─ 憲法・戦争・教育改革，3.11東日本大震災と子ども・教育，いじめ問題を考える ─ 』2015／『新版・おとなのための絵本の世界 ─ 子どもとの出会いを求めて ─ 』2016など。全て創風社刊。

第 2 章　登校拒否・ひきこもり当事者に学ぶ
―当事者は何を考え，何を望んでいるか

はじめに

　登校拒否・ひきこもりの当事者について，その実態のとらえ方は多様です。斎藤環などの精神科医や，高垣忠一郎，広木克行，横湯園子などの心理臨床家，カウンセラーなどは多くの臨床例から学び，石川良子，村澤和多里などの社会学研究者は，参与観察から学んでいる例が多い。また，塩倉裕，池上正樹などのジャーナリストは，対象者への直接の取材を通じて対象を把握します。

　そして，いずれも登校拒否・ひきこもりの当事者の実態のある側面をリアルに把握しており，学ぶ点が多くあります。

　私は，私の4人の子ども（いずれも男の子）のうち3人が登校拒否経験者であることを直接のきっかけに，1997年から熊本県で，2004年から埼玉県で「登校拒否及びひきこもりの親の会」を，仲間の皆さんと一緒に立ち上げ携わってきました。さらに，親の会の全国的な組織である「登校拒否・不登校問題全国連絡会」にも約20年間関わってきました。また，「全日本教職員組合」などが開催する「教育のつどい」の「登校拒否・不登校」分科会の共同研究者を20年以上務めています。以上，直接的，間接的に，登校拒否やひきこもりの当事者の実態や親の悩み，さらに教師の教育実践などにふれ，学び，認識を深めてきました。

　そのキャリアは，25年程度になります。私は，以上の経験の中で，とりわけ登校拒否・ひきこもりの当事者は何に苦しんでいるのか，あるいは願いとは何か，さらに，その願いは今日の日本社会においてどのような価値を持っているのか，あるいは，どうしたらその願いが実現するのか，などの問題について長年考え続

けてきました。

そして，以上のような団体などの実践から学ぶとともに，我が子をはじめ当事者や親の声に耳を傾けながら，先行研究に学び続けてきました。

先行研究は，高垣や広木，横湯など，いずれも40年に渡る臨床経験に基づくもので，学ぶべき点が数多くあります。私は，そのような研究に学びながらも，本章では，当事者が，登校拒否・ひきこもりについて著された多数の著書およびインタビューなどから[註1)]，当事者の願い，希望について学び尽くし，教訓化してみたいと思います。

なお，手記などで学んだ当事者は，合計54名です。男女比は，男35名，女19名で，ひきこもりの男女比とほぼ同じでした（登校拒否の男女比は，発表されていません[註2)]）。

第1節 ｜ 「思春期葛藤」と「よい子」からの「脱出」あるいは「卒業」

1 「よい子」からの「脱出」— 旭爪あかねの例

登校拒否・ひきこもりの当事者で，「思春期葛藤」における「よい子」の苦しさから逃れるために，あるいはその影響で登校拒否した，あるいはひきこもった例は多くあります。

このことは，第1章の様々な例示からもうなずけることです。

私が，直接手記を読んだ54人の中では，上山和樹，勝山実，旭爪あかねなどがその典型例です。

まず，「よい子」から「脱出」した例として，旭爪の例を紹介します。

旭爪は，祖父と両親が教師の家庭に長女として生まれます。そして，

《いつも誰かに評価してもらいたくて，家族にも友達にも先生にも『いい子の演技』をしていた子ども時代でした（旭爪 2014:9）》

と言います。

そして，順調に大学まで進学します。ただし，大学は，親から離れたくて宇都宮の大学の農学部に進学します。

また，大学4年生のとき，次のような挫折を体験します。

≪憧れていたユーゴスラヴィアで理念とは異なる市民生活と感情を知らされたこと，これまでずっと「いい子」で過ごしてきた自分がクラスの中ですっかり落ちこぼれになってしまったこと，両方の現実をなかなか受け止めることができませんでした（同上：24）。≫

その後，混乱したまま大学院に進みますが，大学院での研究生活にも行き詰まります。そして，次のような状況を迎えます。

≪ずっと，「いい子」でやってきて，はじめて高い分厚い壁にぶつかり行手を遮られたそのとき，壁を乗り越えることはもちろん，後戻りすることも，迂回して別の道を探すこともできませんでした。失敗して諦めてやり直す方法を知らなかったのです。私はその場所に立ち止まったまま，前へも後ろへも動けなくなってしまいました（同上：25）。≫

旭爪は，上のような挫折体験の後，学費を自分で稼ぐという口実でアルバイトに逃げ場を見出しますが，

≪そんな自分に自信や誇りを感じることができなくなり，誰かと面と向かうと，破綻した『いい子の演技』『いい人の演技』が見破られて本当にみっともない自分がさらけ出されてしまうのではないか，と恐怖を感じることが増えてきました…（中略）…いまとなっては，『演技をしない』ということがどういうことなのかわからないし，演技をしていないありのままの自分を見せたら，きっとみんなから嫌われたり顰蹙を買うことになるのではないか，という不安もあり…（中略）…友達や教授に会うのが怖くなり，研究室に行かなくなり，狭いアパートにこもってお酒ばかり飲んでいました（同上：27）。≫

こうして，旭爪の10年にもおよぶ「ひきこもり生活」が始まります。

旭爪の言葉には，「いい子の演技をする」ということが頻繁にでてきます。このことは，私の経験では，「よい子の仮面をかぶる」あるいは，「よい子のキャラを演じる」ということに近いと思います[註3]。

それでは，旭爪は，どのようにしてひきこもりから「出発」[註4]をしたのでしょうか。

そのきっかけは，父親へ「初めての反抗」をしたことです。旭爪は次のように書いています。

≪世間でいう「反抗期」を経ないまま，高校を卒業すると同時に家族と離れ

て暮らすようになりました。物理的に距離を置いたことで，ひとり立ちできた気になっていましたが，父や母と正面から対峙して自分自身の生き方を選ぶ精神的な意味での「親殺し」をきちんとしていなかったため，かえっていつまでも自立できない状態をひきずることになりました…（中略）…正月に実家に帰り，文芸雑誌の新人賞に応募しようと準備していました。ところが，締切前日の夜中近くになって，どうしても必要な下書きの原稿を東京のアパートに置き忘れてきたことに気がつきました。私はアパートに戻ることにしました。父が心配し，怒って私を止めようとしました。「絶対に戻らないと駄目だから」と私は言って，家を出ました。思い出すかぎり，それが私の初めての，はっきりとした父への反抗だった気がします。ただの反発ではなく，生きる道を選んだ，という意味で（同上：47-49）。≫

　ちなみに，この応募原稿で旭爪は，新人賞を受賞することができました。

　また，次にもっと重要な要因は，旭爪が「ひきこもった自分を小説に書いた」ことです^{註5)}。旭爪は，この点について次のように述べています。

　≪この作品を書き了えたときに私が感じたことは，現実の自分と，自分自身にたいして持つイメージとが，はじめて重なった，一致した，ということでした。それまでずっと私は「こうでなければならない自分」つまり「問題のない優秀な，いい人」である自分と，そうでない現実の自分とのギャップに苦しみ，失望し，もがいてきたのです。にもかかわらず，現実の自分を認めることが怖かった。現実に足を降ろしてしまったら，もう理想や希望を追うことはできなくなるように錯覚していました。でも認めたくなかった自分の現実を直視することができたとき，はじめて，「ここからなら出発できる」ということを感じました。そして，こんな情けない自分だけれども，でも，いまの自分がいとおしい，大切にしたい，と思いました（同上：57-58）。≫

　そして，

　≪母と自分はそれぞれ違う人格を持った別々の人間なんだ，と心から思えるようになってから，両親への罪悪感と恨みがましさは，潮が引くように私のなかから消えて行きました（同上：58）≫

と述べます。

　すなわち，旭爪は，小説を書くことによって自分自身を客体化し，「自分が自

分であって大丈夫」という「自己肯定感」を獲得し，同時に，新しい人生の出発^{たびだち}ができたのでした。

やはり，ここでも「よい子」からの「出発^{たびだち}」は，旭爪に自然と影響を与えていた「支配的脅迫的他者」である「親への対決＝反抗」と，旭爪の場合，同人誌の仲間が「受容的共感的他者」となり，小説という言葉で自分の気持ちを表現する中で，「自己肯定感」を獲得したことがキーポイントであることがわかります。

2 親の暴力と葛藤 — 林尚実の例

林尚実の親は，高学歴で，小学校，中学校での成績はずっと一番。いずれも県下一の進学高校出身です。そこで，林に大きな期待をかけます。林の父親は，「教育パパ」であるとともにアルコール中毒で林に常に暴力を振るいます。また，母親は，典型的な「教育ママ」です。

≪もちろん評価は厳しかった。小学校のテストだって八十五点だとお叱りを受けました。父に言わせると『八十点台は分かっているうちに入らない』のだそうで，許容できる最低ラインが九十点でした（林 2003:11）。≫

林は，中学校に入り，内申書を盾にした，教師の冷たい態度についていけず，学校に行けなくなります。そして，全く登校拒否を理解していない担当医の態度に傷つけられるとともに，親からも捨てられたかのように収容された療養所で，悲惨な生活を送ります。林は，療養所の生活を監獄[註6)]のようだったと言います。

林は，自己表現の訓練として，

≪自分が今まで一番辛かったことを話しなさい（同上:53）≫

と看護師に言われます。そこにいた，登校拒否の子どもたちはみんな血の気が引いたそうです。また，林は，その後，病院附属の養護学校に入れられます。

この養護学校は，当時社会的な問題となっていた「風の子学園」[註7)]と変わりないか，むしろ問題が多かったのではないかと林は思っていました。たとえば，

≪行動療法という心理療法の誤った実践…（中略）…たとえば，ピーマンが苦手な子どもでもなんども食べているうちに慣れるようになる，というので，無理やり食べさせ，食べられなければ罰を与える，という行動療法的発想です（同上:56）。≫

林は，このような環境で次第に体調を崩し，神経性胃炎や過換気症候群になり

ます。しかし，苦しさを訴えても，看護師には，「どうせ仮病でしょ？」と言われる始末です。

このことについて林は，

≪自分は養護学校に『治療に行った』のではなく，『体を崩しに行った』と考える方が当たっているのではないかと思います（同上：59）≫

と言います。

林は，このままでは死んでしまうと思い，養護学校からの退所を親に訴え，それが実現し，元の学校に戻るために医師から学校に電話をしてもらうと，学校の教師から，「あら，もう戻ってこないんじゃなかったの？　帰ってこないって言ったじゃないの？」と言われます。

林は，そこで言葉を失い，体の力が抜け，あとは泣き崩れるしかありませんでした。その後，電話を引き継いだ医師が，「どうもすいません。彼女は精神的におかしいもんですから……」と教師に言います。

一体，精神的におかしくさせたのは誰でしょうか。このとき，林は，

≪本気で死にたいと思いました（同上：61）。≫

≪これから五年以上，私の記憶はほとんど残っていません。唯一覚えているのが，両親から受けた身体的，心理的な暴力くらい（同上：62）≫

と言います。

親と学校，そして，医療機関に付属する養護学校から，精神的・身体的な「暴力」を受けた林は，その後登校拒否からひきこもりへ移行します。林は，

≪医療的，心理的，教育的な支援をまったく受けることなく，自宅でほとんど廃人のようにいました（同上：62）。≫

ただし，林自身は，医療不信だったわけではなく，むしろ身体中がボロボロになっていたので，治療を受けたいと思っていました。

しかし，母親が，奥地圭子の『登校拒否は病気じゃない』をはじめ，「親は悪くない」「悪いのは学校だ」と主張するサークルにはまってしまいました。そのサークルは，当時日本では最大の登校拒否者を支援するサークルで，フリースクールを開設したり，主催者の奥地や関係者が本を出していました。

両親は，「子どもを学校に行かせる必要はない」，「子どもを病院に行かせる必要はない，精神医療は役に立たない」という主張[註8]を真に受け，洗脳されたよう

に同じ主張をしていました。

　そのため，林は病院にも連れて行ってもらえませんでした。林は，

　　≪社会復帰しはじめたあるとき，『これはカルト宗教みたいなもんだな』と
　　思った覚えがある（同上：63）≫

と言います。

　それから5年後，林はキリスト教の教会を訪れます。そして，そこで，聖書の
話をしないで，ただ林の話を真剣に聞いてくれる青年と出会います。林は，

　　≪自分を気にかけてくれる人，自分を受け止めてくれる人を一人得たこと
　　で，私はある意味で救われたのだと思いますし，それはそれで宗教的な行為
　　だったのかもしれません（同上：94）≫

と言います。

　林は，一人の「受容的共感的他者」を得ることにより，ひきこもりからの「脱出」
の糸口をつかみます。その後，

　　≪あなたは私の親友です。これからもずっと一緒にいてくださいね（同
　　上：100）≫

という女性の友人を得ます。また，大検に合格した後，大学入学そして卒業，ア
メリカの大学院で教育学を研究し，現在は都内で働いています。

　林は，自らの登校拒否・ひきこもりを振り返り，登校拒否の友人の中では，自
分が一番スムーズに社会復帰できたと言います。また，うまくいかない人の方が
圧倒的に多いのが実感だとも言います。そして，

　　≪ひきこもりで死ぬことはないと考える人は少なくないようですが，女性で
　　摂食障害をともなう人も少なくありません。ひきこもりののちに自殺してしま
　　う人もいます（同上：188）≫

と指摘します[註9)]。

　林は運が良かった理由として，第一に，ロールモデルとなるような人生の先輩
に出会えたこと。また，第二に，適切な精神医学的治療を受けることができたこ
と。そして，第三に，心理的サポートをしてくれ，社会性を広げてくれる友人に
出会えたこと，の三点をあげています。

　さらに，登校拒否を減らす方法として以下の点をあげています。

　　≪児童福祉などによって家族をサポートすること，学校のトラブルを子ども

を追いつめないで上手に解決するシステムをつくること，精神的なトラブルに適切な処置がとれる医療の基準をつくっていくこと，社会全体がもう少しだけ「規格外」の人たちに寛容になってくれること（同上：190）≫

どれも，私たちにとって，うなずける提案だと思われます。

3 父親の「暴力」と初めての反抗 ― 諸星ノアの例

諸星ノアは，小・中・高校と学校でいじめを受けながら，耐えて大学を卒業します。しかし，その後，

≪大学卒業から六年間が第一次ひきこもり，その後専門学校に二年間通い，一年の会社勤めを経て現在第二次ひきこもり生活に入っています（諸星 2003：21）。≫

諸星の家族も典型的な「教育家族」です。すなわち，父親は「会社人間＝企業戦士」，母親は，「教育ママ」で，諸星は「受験戦士＝よい子」になって，幼い頃から，よい高校→よい大学→よい会社に入ることを求められました。

母親は，諸星に様々な習い事を強制したそうです。

≪ピアノに習字，公文式，水泳（これは父だったかな？），家庭教師……。大変なストレスだった。一方で好きな絵を描くことはタブーとされた。小学生のあるとき成績が下がったことがあって，絵（漫画）を書いているせいだと言って，両親の前に正座させられ絵を描かないことを誓わされたことがあった（同上：130-131）。≫

一方，

≪小学校二〜三年生時分から，私と父親は仲が悪かった。私の性格や嗜好を無視し，躾に厳しく，自分の価値観を押し付けてくる父親であった（同上：17）。≫

父は，

≪自分の偏見を"常識"という言葉に置き換えているだけに感じることが多々ある（同上：114）。≫

諸星にとって，父親は強烈な「支配的脅迫的他者」だったのです。

≪（父の）"常識"の枠内にいろということ，"笑われるな"ということ。私の性格や趣味・嗜好を認めた上でそれを言うのなら，まだ話はわかる。しかし私

のアイデンティティーを認めず，ひたすら父の信じる"正しさ"を押し付けられダメ出しをされ続けるのでは，自分の存在自体が生れながらの"悪"であるかのように認識される。そのせいで自己肯定感が未だ持てずに苦しんでいる。常に誰かに否定されている幻想が頭を離れず，一日中苦しい。誰かが悪口を言っているという情景が絶えず頭に浮かび，眠るまで離れない（同上：117）。≫

諸星は，自らがひきこもりになった背景を分析し，次のように述べます。

　≪仕事は私にとって徴兵と同じ。できれば戦場に行きたくなかった（同上：14）。≫

　≪まず就職が怖かった。召集令状がきて，自分の意に反して戦場にかり出されるような巨大な恐怖があった。家の外に丸裸で放り出されるような心細さもあった（同上：17）[註10]。≫

　≪そういうイメージの源は，父親の影響が大きかったと思う…（中略）…彼は，サラリーマンが職業で一番価値があり，夢は見るな，つまり，好きなことを職業に選ぶなという考えだった。自分を殺してひたすら奉仕する仕事が，サラリーマンだと感じた。だから自分の命と時間を意志に反して犠牲にするサラリーマンだけは，将来なりたくないと当時から思っていた。サラリーマンに徴兵された兵士のイメージが重なるのは，ここらへんがルーツになっているのかもしれない（同上：18）。≫

以上のように，諸星は父親を通じて，サラリーマンとして働くこと＝社会への恐怖感を増大させていきます。このことが，諸星にとって大学卒業以降ひきこもった大きな要因であると分析しています。

そうすると，諸星には，旭爪が上記で述べた精神的な意味での"親殺し"（＝反抗）が，「よい子」からの「出発」の上で，欠かせない作業になります。

諸星は，そのことは十二分に自覚し，

　≪"対決"の相手は父であり，自立することであることはなんとなくわかっている（同上：188）≫

と述べ，この本を書くことが，父親への初めての反抗だと言っています（「父親への無差別テロ」だとも言っています）。

諸星は，長い本を書き切ることで，自らのひきこもりからの「出発」の糸口をつかんだようです。諸星は，本のあとがきで次のように述べています。

≪最後に両親，弟に対して。

　断りもなく，黙っていろんなことを書いてすまなかった。いろんなことを書いておいて腹立たしい思いもさせたと思うけど，実はこの本は，私が子どものときから親にわかって欲しかった思いをつづった，長い長い，両親にあてた手紙の意味もあるのです。こんな私をこれからもよろしくお願いします。できることならこの本を通して，家族がひきこもりの私に対する理解を深めてくれたらいいなと切に思っています（同上：205）。≫

以下，諸星のひきこもり問題への提案および考えをいくつかあげます。

第一，

　≪学校での価値観から仕事人（社会）としての価値観に緩やかに移行できる場が必要に思われる（同上：35）。≫

この点，別の箇所では，

　≪心の息継ぎができるような仕事環境であれば，私は長期のひきこもりにならずにすんだのかもしれない（同上：48）≫

と述べています。

　第二，「こづかいは薬」だと言っています。諸星の父親は，「お金を与えなければそのうち自分から働きだすだろうという荒っぽい考え」で，こづかいは与えないという考えだったので，諸星は，内緒で母親からこづかいをもらっています。

　諸星は，

　≪こづかいは，ひきこもりの社会参加に向けても長期リハビリを支える愛情の薬。だから，こづかいを認めてください（同上：88）≫

と言います。

　第三，フリーター，パラサイト，ひきこもりの，

　≪三者間に共通のポイントを何かと探ってみると，まず，“避ける”“逃げる”といった行動がよく見られることである。それは視点を変えれば，より自分にあった，自分が生かせる生き方を模索しているともとらえられるのではないか。あるいは，新しいライフスタイルの萌芽という見方もできるかもしれない[註11]。…（中略）…三者に共通している点があるとすれば，それは自分および自分らしさを第一に守ろうとする生き方ではないだろうか…（中略）…そして，結果，結婚しない，あるいは結婚できない人が増えていくだろうというのも三

者に共通していると考えられる（同上：164）[註12]。≫

第四，カウンセリングの効用と限界について以下のように述べています。

まず，効用について，

　≪（話して，言葉で）外に出すということは，頭の中で堂々巡りだった悩みや問題点が自分で客観視しやすくなるということにつながる。また話す，吐露するという行為自体が，癒しの効果がある。（同上：186）≫

そして，限界については，

　≪自分の存在を肯定的に受け止めてもらえるので，良くも悪くも現状に甘んじやすくなる。支えるまでがその役割の限界で，最終的に問題を解決し，責任を取るのはクライエント自身である（同上：186-187）≫

と言います。

第五，「弱さでつながる」ことの重要性について次のようにふれています。

　≪ひきこもりの人のように「弱さを出すことで，人から逆に共感を得られるのではないですか。強いもの同士だと反発しあって，かえってうまく結びつかないのではないですか。…（中略）…この本で私は，自分の弱い，情けない，恥ずかしいところを披露してきた。今私は，こんな自分だから，もしかしたら，読者の皆さんと繋がることができるのではないかと思い始めた。…（中略）…自分の弱さで，みなさんとこの本を通じて繋がれないものかと願ってやまない（同上：200）。≫

最後に，ふれておきたいのは，「ひきこもりと性」というテーマについてです。このテーマについてふれていたのは，たくさん読んだ登校拒否・ひきこもり関係の文献や手記などで諸星と上山の手記だけです。

私は，本書で扱った登校拒否・ひきこもりの当事者が，主に思春期・青年期の子ども・青年であるという点からも，あるいは，人間の成長・発達という点からも，この“性”の問題はとても重要なテーマだと思います。

したがって，このテーマについては，第4節3項で詳しくふれたいと思います。

第2節　親の「自立」への願い

登校拒否・ひきこもり当事者の，親への願いはほぼ共通しています。それは，

親こそ「自立」してほしいということです。

　それは，どういうことかというと，親こそ自分のやりたいことを見つけて，自分のやりたいように，自分の道を歩んでほしいということです。

　この点について，何人かの当事者の意見を聞いてみましょう。

　まず，上山は「親自身も一個人に立ち返る」ということで次のように述べます。

　《これは実は，よく言われる「親自身の自立」という話ですね。親自身も「お父さん」「お母さん」という役割を離れて，「一個人」という原点に戻って考えられてみてはいかがでしょうか。「父親・母親」である前に，まず「一個人」であったはずだし，いまもそうであるはずです。「性・お金・死」を見つめ直すことにおいて，自分の人生を生き直されてみてはいかがでしょう。それは，「子ども」による呪縛から自分を解放することでもあるはずです（上山 2001:178）。》

　また，勝山は，親への心からの願いとして次のように述べます。

　《（親は）自分の人生を生きて欲しいですね。子供にはもう構わないで欲しい。親自身が好きなことをやってくれれば，子供はうれしいんです。母親がニコニコして自分のやりたいことをやってる。父親がやりたい仕事に熱中して楽しんでる，その姿を見たいんです（勝山 2001:172）。》

　最後に，旭爪も次のように「家族に望んだこと」として親への願いをまとめていますので紹介します。

　《父や母や祖母が黙って私を見守ってくれていたことに今も感謝しているのですが，私は，家族が私を心配することだけに人生を使い尽くして欲しくないという気持ちも，同時につよく持っていました。家の人たちが私を大切に思っていてくれることは日頃の態度から伝わっていましたので，それぞれが好きなことに没頭したり，友人と遊びに出かけたりしてくれることが，ああ，お父さんにもお母さんにもおばあちゃんにも楽しめることがあるんだな，と思えて，とてもほっとして，うれしかったです。…（中略）…ご家族が少し楽しむ時間を持って，ゆったり楽な気持ちになられることが，まわりまわって，子どもさんの自分を責める気持ちも緩めて楽にし，みんながゆったりできるようになる方法なのではないかと思います（旭爪 2014:53）。》

　親，特に中流以上の家庭の親は，父親は「会社人間＝企業戦士」として，母親は働きつつも「教育ママ」として，我が子に，現在ある社会と学校の枠の中で，

よい高校→よい大学→よい会社というルートを歩ませようと，「期待」＝「圧力」をかけます。

　そのような親の「期待」＝「圧力」が，子どもを苦しめて，その結果，学校の「競争と管理」の顕在化の問題（第3章で詳述）と重なり，子どもの登校拒否・ひきこもりの誘因になっていることは，第1章および第2章の例を見ても明らかです。

　親が子どもにあげるものは，「香りのよい健康と／かちとるにむずかしく／はぐくむにむずかしい／自分を愛する心（吉野弘『奈々子に』）」ではないでしょうか。

　そのためにも，親がまず社会の「人材」であることから「出発」して，人間として豊かに生きることを，当事者たちも心から願っていることを強調しておきたいと思います。

| 第3節 | 当事者の学校と社会への批判に学ぶ |

　登校拒否・ひきこもりの当事者たちは，学校や社会から"排除"されてきただけに，その学校や社会に対する鋭い批判意識をほぼ共通して持っています。

　ここでは，当事者の学校および社会に対する批判意識を具体的に学んでみたいと思います。

1　当事者の学校批判に学ぶ

　ほとんどの登校拒否・ひきこもりの当事者が，学校生活を送った1980年代以降は，久冨善之いわく学校における競争が，それまでの「開かれた競争」から「閉じられた競争」に変化するとともに，管理も強まっていった「競争と抑圧」強化の時代です。

　この時代の中で，子どもたちは「テストあって教育なし」の中で競争を強いられるとともに，体罰や校則などでも管理され，ストレスを高めていきました。

　そして，序章でも紹介したように，そのストレスおよびプレッシャーに対して攻撃性を向けると「校内暴力」，「荒れ」および「非行」となり，横に向けると「いじめ」となり，回避あるいは忌避行動となると「登校拒否」となり，自分に破壊的に向かうと「自死」となる「行動化」を示してきました。この四つの行動（非行，いじめ，登校拒否，自死）とも，1980年代以降，大きな社会的な問題になり，

その傾向は近年ますます強まっています（第3章で詳述）。

　ここでは，当事者何人かの例にふれ，以上の問題の具体的な状況に迫ります。

a　山根道子の例

　山根道子は，高校生になってから突然登校拒否になります。小学校および中学校と順調に学校生活を送っていた山根にとって，それは，

　　《我が事ながら青天の霹靂とも言うべきことでした（前島編著 2004：11）。》

　山根の髪の毛は，生まれつきの「茶髪」でした。山根は，このことについて，「祖母も母も妹も髪が赤いのでおそらく遺伝的なものでしょう」と言います。そして，小学校から中学校にかけてこの髪の毛のことは指導要録などできちんと引き継がれていたので，そんなにトラブルなく過ごして来ました。

　しかし，事件は山根が県立の進学高校に入学して，初めての「グラマー」という英文法の時間に起きました。

　　《授業が始まって少ししたことろで担当のK先生が私に目を留めました。そして一言。「おまえ，何だ，その髪は！　立っとけ！」と言いました（同上：12）。》

　山根は，

　　《とっさの教師のぶしつけな物言いに驚きましたが，何か勘違いがあるのだろうと思い，「これはわざわざ染めてこうなっているんじゃないんです。A先生（当時の担任）は知っていますから確認してください。うちの家に電話されて確認を取ってもらってもいいですよ。」と答えました（同上：12）。》

　しかし，山根は許可されることなく，その時間中立っていることを強要されたのでした。

　山根は，その後担任の先生に事情を訴えますが，K先生からの謝罪は一切ありませんでした。

　　《ショックは怒りへと変わりました。教師のミスによって生徒に惨めな思いやショックを与えておきながら，謝罪の一言もないなんて！　学問さえ教えていれば教師に心なんて問われないの？

　　その日のことを母に話したかどうかは記憶にありません。ただ，次の日の朝，洗面所で鏡を見ていたら涙が出てきてしまいました（同上：12）。》

　山根は，何日経ってもK先生から謝罪がないことから，高校に行かないことに

しました。

　山根は，最近まで自分の登校拒否の原因をK先生とのトラブルが原因だと思っていたそうです。しかし，この原稿を書いたときはやや異なった見方をしていると言います。

　それは，進学高校の体質そのものにあると，次のように言っています。

　《当時私が通っていた高校は，地域ではそこそこの進学校でした。毎年東大に○人合格した。京大に○人合格した，と有名大学への進学状況を進路指導室に張り出して教師達は大騒ぎをしていました。一方で模擬試験の学年平均が下がると『学年集会』なるものが開かれ，「君たちはここ十年来の不作です！」という非人道的な言葉でもってしかられるのでした（同上：12-13）。》

　《こんな有名大学至上主義で生徒の心を大切にしないやり方も，私が学校に対する信頼を失った原因だったと思います（同上：13）》

　私も，熊本大学に16年間勤務して痛感しましたが，日本は，首都圏ばかりではなく地方においても，有名大学進学至上主義で生徒をとことん追い詰める「受験競争」（「競走」あるいは「狂躁」）は年を追って激しくなる一方でした。

　山根の授業における「事件」は直接のきっかけだったかもしれませんが，先にふれた有名大学進学至上主義が，基本的な原因だと言えるでしょう。ここでは，高校において各生徒はかけがえのない人格を持った人間であるというより，一つの単なるコマ（数）であり，ただ何人有名大学に合格したかで，学校のメンツ（校長などの管理職や生徒進路指導部などの）が保たれ，その結果を受けて校長や教師が昇進していくという構図だと思います。

　また，私は，地方でなぜ東大合格何名などという「受験競争」が強まるのか長年考えてきましたが，おそらく，有名大学に生徒を合格させ，将来官僚や社長にさせ，地方に利益をもたらしたい魂胆があるのではないかとも思ったものです。

　そのような「教育」（＝狂育）の犠牲になるのは子どもたちです[註13]。

b　前島恵（自由の森学園高等学校一年）の例

　前島恵は，私の三男です。上でふれたように，私は，4人の息子のうち上3人が登校拒否の経験者です[註14]。

　ここでは，恵の例を紹介しましょう。

恵は，手記に次のように書いています。

≪ぼくは小学校一年生ぐらいから学校が嫌いになった。小学校に入る前は，ぼくは凄くワクワクドキドキしていた。人にものを教わる授業とはどういうものなのか？　友だちたくさん欲しいなあ。早く制服着てみたいなあ（ぼくの行っていた公立の小学校は制服だった）と期待に胸をふくらませていた。

だけど小学校に入った途端にその期待はもろくも崩れ去った。まず，授業が凄くつまらない。教師はただ覚えさせればよいといった感じで，雰囲気も威圧的な教師が少なくなかった。…（中略）…

例えば体育の先生は僕らを完全にひとりの人間としてではなく，下だと思っているらしく，いつも笛（「ホイッスル」）を使って僕らを動かしていた。ぼくはそれが本当に嫌だった。やっぱり小学校一年生から見た教師はすごくでかくて怖かった。今思うと，教師はその恐怖感を使ってこどもを従わせていたように思う。

…（中略）…ぼくは小学校一年二年と担任の女の先生が好きだったけれど本当には信用していなかった。それは，なぜかというと，やはりその先生が若い女の先生ということもあり，他のクラスの男の先生が理不尽な理由でこどもを叱ったり，殴ったりしていても何も言えなかったからだ。ぼくはその見てみぬふりをしている時の先生はとても嫌いだった。そういった不満や威圧感のせいでぼくはだんだん学校に行くだけで疲れるようになっていった（前島編著2004：33-34）。≫

恵は，学校における授業のつまらなさ，教師の威圧的態度，体罰を見たこと[註15]，などが重なり，次第に登校拒否をするようになります。

なお，この学校では，教師が「生活，学習訓練カード」（生活および学習を訓練するというその発想に注目！）を毎日書かせていました（◎や×をつける）。その「訓練項目」としては，「一日一回発表，または進んで手をあげる」，「先生の指示の前に，進んで行動できる」，「友達の『あだな』や悪口を言わない」，さらに「一日一つ良い事をする」などがありました。

この「訓練カード」について，恵は次のように書いています。

≪ぼくは，『できなかった……×』をつけることが自己否定につながり，自分を認められなくなるのではないかと思います（同上：37）。≫

以上紹介した恵の経験は，フーコーが『監獄の誕生』で描いた，「規律＝訓練」を想起させます。この点については，第3章で詳述します。

C　勝山実の意見に学ぶ

勝山は，第1章で紹介したように，「教育ママ」によって「よい子」に育てられますが，進学高校に入って，燃え尽き挫折します。

その勝山が，斎藤との対談で興味深いことを言っていますので，簡単に紹介します。

≪勝山　ボクがひきこもっているのは自己成長，自己確立のためなんですよ。

斎藤　ひきこもった状態で自己確立をどうやってするんですか？

勝山　読書です。十代後半から二十代前半にかけて名作と呼ばれるものを一通り読めば，人間の何たるかはおおよそ分かります。何も外に出るばかりがいいってわけじゃない。中学校は高校受験のためにあり，高校は大学受験のためにあり，そして大学の一，二年はサークルで忙しくて，三年生から就職活動。そうすると結局，自己確立する時間もないまま世の中に出ていく。だから，変な人間がいっぱい増えるんですよ。しかも，そいつらが今の世の中のスタンダードになっている（勝山 2001：186-187）。≫

勝山のこの発言の最後は，ややややっかみもあると思いますが，現在の日本の教育のあり方，学校のあり方の基本的な問題点を鋭く突いていると思います[註16]。

すなわち，今の学校教育は，常にその後の学校体系の準備・準備で追われ，学校体系の最後である大学は，就職準備で追われる。だから，中学受験や高校へ進学するために学習している子どもは，その中学や高校に進学した途端，燃え尽きてしまう子どもが出たり（勝山がその例），常に後頭部を後ろから押されて，前のめりの姿勢で生活しているため，ゆっくりと自己確立する時間が取れない（鬱になる前の私がまさにそうであった）などの根本的な問題を生んでしまう。

さらに大学でいうと，一度就職，あるいは社会に出てから，何らかの問題意識を持って入学する諸外国と違い，偏差値で大学を選んでほとんどストレートに入学する日本では，退学率がますます増えています（第1章の註7参照）。

この点，以下の旭爪の指摘は，説得的で重要です。

「急がせられる子どもたち」

　子どもたちが小さいころからずっと追い立てられ『他人に評価されること』に慣らされて育つ様子が推測され，痛ましい思いがします。受験や評価されることそれ自体が悪いという意味ではなく，自分で自分自身のことを知る余裕もないままに，他人からの評価や期待に合わせて行動することを急かされているような気がするからです。親が子どもに期待するのは，当たり前。それが悪いのではなく，子ども自身に，その期待を裏切る力が育っていかないことが問題で，なぜそうなってしまうのかを考えていく必要があるのではないかと思うのです（旭爪 2014:60）。

　この旭爪の言葉も，子どもが親の期待通りの「よい子」に育つのではなく，「思春期の第二の誕生」を中心に，親に反抗し，親から「自立」していくことの重要性と，どうしたらそのような力を子どもたちに育てることができるのかという問題提起として受け取りたいと思います。

2　当事者の現代社会批判に学ぶ

　登校拒否・ひきこもりの当事者は現代社会に対する批判においても，鋭く，学ぶ点が多々あります。ここでは，私が当事者の手記などから学び得た，現代社会に対する批判についてふれたいと思います。

　まず，勝山の主張に学びたいと思います。

　勝山は，現代社会について次のように述べます。

　≪これだけリストラだとか，不登校，学級崩壊だとかが問題になっているので，そろそろ世の中も変わってくるんじゃないかなと思っていますけど。…（中略）…経済的にはもう十分なので，後はゆっくり衰退していく。…（中略）…ゆっくり衰退していくのだから，もう一生懸命働く必要もない（勝山 2001:189）。≫

　また，上山は，次のように述べています。

　≪父が一ヶ月間，家に帰ってこなかったことがあった。理由を母に尋ねると『なに言ってんの，毎日帰ってきてるよ』。なんと，父は僕が寝た後，一時ごろ

に帰ってきて，僕が起きる前，五時に起きて会社に行っていたのだ……。心底ゾッとした。「オトナになる」には，ここまでやらねばならないと許してもらえないのか。「社会に入る」とは，こういうことなのか……（上山 2001：40）。≫

さらに，諸星は父について次のように述べています。

　≪（父は）サラリーマンが職業で一番価値があり，夢は見るな，つまり好きなことを職業に選ぶなという考えだった。自分を殺してひたすら奉仕する仕事がサラリーマンだと感じた。だから自分の命と時間を意思に反して犠牲にするサラリーマンにだけは，将来なりたくないと当時から思っていた。サラリーマンに徴兵された兵士のイメージが重なるのは，ここらへんがルーツになっているのかもしれない」（諸星 2003：18）。≫

現在の日本の政権は，相変わらず「経済成長重視」の経済政策を取っています。しかし，日本の労働者は，働きすぎで，「過労死，過労自死」がかなり前から社会的問題になっています。特に若者の間で，「ブラック企業」が問題になっているにも関わらずです。また，地下資源が，石油50年，石炭50年，ウラン50年と言われ，有限性が明らかになっているにも関わらず，無限にあると錯覚して，自動車を売りまくったり，原発依存の電力政策を変更しなかったりしています。さらに近年は，プラごみ問題が大きな社会的な問題にもなっています。

このように，問題は山積みになっています。今こそ，上でふれた3人の当事者の意見に学び，経済政策を中心に，「人材」ではない，人間の生き方，あるいは働き方，そして，世の中のあり方も根本的に見直さなくてはならないと思います。

私は，拙著『新版・おとなのための絵本の世界 ― 子どもとの出会いを求めて ―』の「おわりに」で大要，次のように書きました。

今日の社会は，相変わらず GDP を向上させる，あるいは「一億総活躍社会」の名の下に，一人ひとりを経済成長戦略に結びつけていく，現在の政府が求める方向に進むのか，あるいは，平田オリザ『下り坂をそろそろと下る』，大江正章『地域に希望あり まち・人・仕事を創る』，さらに，横川和夫『降りていく生き方「べてるの家」が歩む，もうひとつの道』の道を選ぶのかの分かれ道にあります。

私は，はっきりと後者の道を進むべきだと断言します。そうしてこそ，地球環境問題や働き方の問題ばかりでなく，子どもたちにとっても幸せな時代が訪れると考えるからです（終章で詳述）。

また，旭爪は，以上のこととも関わって次のように問題を提起しています。

≪働き盛りの年齢の人たちが定職を得られなかったり，働かせられ過ぎたりすることと，学校や社会に出ていけずひきこもってしまう人たちがいることとは，違うかたちを持って現れた，おなじ一つの根源を持つ苦しみではないだろうか，と私は考えています。

一つの根源とは，人間を人材としてだけとらえて扱う，役に立ちそうな人材と立たない人材を分ける考えです。人間さえもお金儲けのための材料としてしか扱わないこの国では，ほんの一部の人たちの金儲けのために，戦争の準備さえも始められようとしています」(旭爪 2014：175)。≫

第4節 「自立」概念について考える — 「自立＝学校復帰」および「自立＝就労」をめぐって

第4章で詳しく検討するように，21世紀初頭から，登校拒否，ひきこもりばかりでなく，障がい者についても，「自立」がキーワードの政策が相次いでいます[註17]。

政策的に迫られている，あるいは世間一般の「常識」で言われている「自立」は，登校拒否で言えば，学校復帰であり[註18]，ひきこもりについて言えば，就労です。

しかし，この意味での「自立」という言葉は登校拒否・ひきこもり当事者を根本的に苦しめてきました。そこで，本節では，当事者が願う「自立」の概念について，紹介・検討します。

1　当事者が願う「自立」とは

当事者は，登校拒否にしてもひきこもりにしても，当初は，そういう状況になったのは大げさに言えば，地球上で自分だけではないかと思い，なぜそうなったのか日々悩みに悩みます。そして，自己否定感と自己嫌悪感にも苦しみ，第二次症状としての身体症状にも苦しみます。

多くの登校拒否・ひきこもりの当事者の手記などを読んで感じましたが，当事者は，悩める人であるばかりではなく哲学者でもあります。そして，社会の「自立」観と対峙しながら，体験を踏まえた自らの「自立」感を紡いでいきます。

ここでは，当事者何人かの「自立」観を紹介し検討します。

まず，上山は，「仕事の前に人間関係を」と言います。そして，その理由につ

いて，以下のように述べます。

≪ひきこもりの関連で言うと，労働というのは，あくまで個人が＜社会＝公＞につながりつつ「生活をつくっていく」ための唯一のチャンスですよね。それが，「お金」という，公私混同の権化のような存在に牛耳られていて。もうそこからは絶対に逃れられないわけです。生活をつくるためには，自分の正義だとか価値観だとかいう話をいったんフリーズして，目の前の「お金を持っている雇い主」が要求してくる公私混同の活動にあくまで服従せねばならない。この「服従」というところに，ものすごい過剰な＜他者恐怖＞が入りこんできて，どうにも制御不能になってしまう―そんなことではないかと思うんです（同上：213）。≫

上山は，

≪「親密な仲間ができた」状態から，「独立した経済生活」へのハードルが実は一番高い（同上：156）≫

≪現在のところ，この最終段階の最大のハードルをクリアするための取り組みは，まだあまりにも貧困です（同上：156）≫

と言います。上山は，続けて，

≪私自身取り組んでいて一番苦しむのは，「価値観の問題を置き去りにしないで経済生活を生み出していくにはどうしたらいいのか」（同上：156）。≫

だと言います。

すなわち，資本主義社会日本では，たとえば会社＝企業が，（人を殺すための）武器を売りたいと思ったら，労働者は，自分の価値観と180度異なっても，その命令に従わなければ，給料はもらえないし，場合によっては解雇されてしまいます。そのような強制力を持つのです。

ですから，そのような資本＝労働関係にいきなり入るのではなく，まずは「人間関係を」ということになります。

このような「親密な人間関係」を「自立」の第一歩と考える当事者は，ほかにもたくさんいます。

たとえば，林は，

≪私にとって大切だったのは，一緒に同じ時間を過ごす相手がいたということ。…（中略）…そして隣にいてくれる人の暖かい存在感。それらがすべて，

私には新鮮でうれしかった（林 2003:113）≫

と言い，それがひきこもりからの「出発」につながったと述べています。

　ここで，「親密な人間関係」（＝受容的共感的他者）によって，「自分が自分であって大丈夫」という「自己肯定感」が育まれますが，それを「経済活動」＝働くことにつなげていくにはどうしたらよいでしょうか。

　この点，諸星は次のように述べます。

　　≪ひきこもり者には，学校と仕事あるいは職場をつなぐ“何か”が必要な気がする。アルバイトの練習にもなるような場。報酬があり，対人関係能力が学べて，学校での価値観から仕事人（社会人）としての価値観に緩やかに移行できる場が必要に思われる（諸星 2003:35）。≫

　諸星のいう「緩やかに移行できる場」は，中間就労施設，あるいは作業所などといわれる場だと思われます。しかし，現在の日本では，このような場がまだまだ極めて少ないのが現状です。そこで，どうしたらよいか，この点は，第4章と終章で中心的に検討します。

　また，一方，勝山は，ある意味割り切って次のように述べます。

　　≪ひきこもりの人がまず捨てるべき考え，経済的な自立とか独立。こういう頭のおかしな考えはゴミ箱に捨てて，親に寄生して生きていきましょう。…（中略）…たとえ「寄生虫！」と罵られても，微笑み返すくらいの余裕がほしい。寄生虫なんて褒め言葉ですよ。光栄の至りです（勝山 2001:102）。≫

　　≪親が年老いてきたら年金にたかりましょう。それでも足りなければ生活保護。国家に寄生しましょう。障害年金という素晴らしい制度もあるらしいので，心の病になった人はチャンス。福祉ですよ，時代は（同上：103）。≫

　私は，この勝山の意見も基本的に賛成します。特に，ひきこもり高齢者の場合は，勝山の提起を受け止め，さらに福祉を充実させていく必要があると思っています（具体策は終章で提起）。

2 「自立」と「自己肯定感」の育成

　当事者は「自立」のためには，まずは「自分が自分であって大丈夫」という「自己肯定感」の育成が鍵だと考えています。

　この点，次の大谷ちひろの言葉は，わかりやすい説明になっています。

《私が今漠然と抱いている登校拒否の理由は，こうしなければいけない…こうでなければならない…というような押し付けや，競争社会の中でつくりあげられている自分ではなく，私は私でありたかったからだと思うのです。わからないのに解ける問題や，テストのための・受験のための記憶だけする教育や，作られた自分にたいして疑問を持って本当の自分と向き合ったのが登校拒否だと感じています。私をそのまま受け止め，認めてくれる人たちに出会ったことで，自分が自分でいられる，ありのままでいいと，自己肯定感を持ち，成長できたのかなと思っています（大谷 2010:59）。》

　また，私が読んだ当事者の手記は，登校拒否・ひきこもりから「出発（たびだち）」した人の手記がほとんどのためか，登校拒否・ひきこもり体験を肯定的に書いている人が多くいました。

　その一例をあげます。

　《ひきこもって過ごした十年の年月を，いまもときどき思い返します。あんな苦しいことは，体験したくなかった。ひきこもらずにすんでいたなら，ひきこもりたくなかった。いまもやはりそう思いますが，もしひきこもらずにこの年齢になっていたなら，こんなに自由に，楽な気持ちになることはできなかった，それも確かな本当の実感です（旭爪 2014:198）。》

　私も，2014年10月に，医師から「寛解」と言われるまで，18年弱「鬱病」で苦しみました。ですから，この旭爪の気持ちは心から理解できます。

3　ひきこもりと「性的自立」の問題

　これまでたくさん読んだ，登校拒否・ひきこもり関係の専門書および当事者の手記などの中で，“性”に関する問題について論じたものは，管見の限り，斎藤の著書と，上山および諸星の手記だけです。

　私は，大学の授業でこの25年余り，“性”に関するテーマも学生とともに学び合ってきました。それは，学生は，青年であり，“性”に関しても関心が高いが，これまでまともな性教育をほとんど受けてこなかったことや，マスコミなどの影響もあり商業主義的な歪んだ「性文化」の影響も受けてきていることなどを考えてのことでした[註19)]。

　登校拒否・ひきこもり問題で，“性”の問題を論じてこなかったことは，ある意

味盲点だと思います。その点について，斎藤は次のように述べます。

《ひきこもりと性の問題は非常に大きいと思うんですね。やっぱりひきこもり青年の大半は性的弱者というか，要するに思春期・青年期に異性とパートナーシップを作れなかったということがあって，その挫折感が非常に大きいんですね。ほとんど絶望しているわけです（斎藤編 2002:54）》

そのことを，上山と諸星の手記によって気づかされました。

また，上山と諸星は手記で次のように言っています。

まず，上山の主張に耳を傾けてみましょう。

「性的な挫折」

ひきこもりは，普通は『社会的・経済的挫折』と見なされます。…（中略）…でも，私が思うに，ひきこもりには，もう一つ重大な挫折が秘められています。これまではあまり触れられていないんですが，『性的挫折』です。これは，決定的です。

特に男性に言えると思いますが，「社会的にうまくいっていない自分のような人間に，異性とつきあう資格などない」。そう思いつめて，絶望している人がどれだけ多いことか。そして，これは決定的な挫折感情なのです。「もう自分には，セックスも恋愛も結婚も，一生無理だ」これは耐えられない認識です。実は，こちらの挫折感情の方が，傷としては根深いのではないか。…（中略）…

今回の私の体験記録を見ていただいてもおわかりだと思うのですが，性的な葛藤というのはひきこもり当事者の心性を強く支配し，規定していると思います。本当に，強烈な感情で，根深くこじれてしまっている。

逆に言うと，この辺に，ひきこもり対策の一つの鍵が見えてきます。性的事柄に一番苦しむということは，性的事柄で光が見えてくれば，事態は劇的に変化するかもしれない，ということです。私がそうでした（上山 2001:151-152）。

次いで，諸星の意見にも耳を傾けましょう。

「恋愛と性」

　今何が欲しいかと聞かれたら，恋人が欲しいと答えます。…（中略）…

　恥を忍んで告白しますが，三十五歳になるというのに私は未だ性体験があ
りません。この歳まで童貞のままだなんて，十代の頃は想像だにしなかった
ことである。童貞であることは，私の最大のコンプレックスの一つで，今通
院しているカウンセラーと一部の友人（彼も童貞）それと大学の恩師のＡ教
授にしか話していない秘密である。…（中略）…

　恋人が欲しい。でも女性に近づくのは気後れする。二律背反の気持ちに，
苦しむ。性欲だけが肥大して行く。…（中略）…

　恋人がいた時もあるが，…（中略）…また，相手に対して身も心も裸にな
ることが，怖くてできなかった。…（中略）…恋人が欲しい。青春を取り戻
したい。さらに性体験のなさに悩んでいる，そんな気持ちの人がひきこもり
の人の中にどれだけのパーセンテージいるのかわからない。でもいるとした
ら…自分だけだと悩んでいるとしたら，ここにも一人いるよ，一人じゃない
よと言いたい気持ちから，思い切って自分の最大の恥部を披露したしだいで
す（諸星　2003：103-107）。

　私も，33歳まで結婚できず，おまけに就職もできず苦労しました。弟や友人
が次々に結婚する中で，私は，焦りました。そこで，思い切ってそれまでの「恋
愛路線＝失恋路線」を諦め，「見合い路線」に転換し，6人目に出会った女性が今
の妻です。おまけに，就職も同時に決まりました。まさに，「両手に花」の人生
の春を迎えることができました。

　ですから，上の諸星の気持ちもよくわかります。

　ひきこもり当事者における“性”の問題は，なかなか解決策が難しい問題だと
思います。しかし，様々な研究を読むと，ひきこもり当事者は，「居場所」など
のつながりを通して，異性を含む人間関係を紡ぐことを心から願っています。

　そこに，展望の一つを見出すことができます。

当事者の手記などから，社会のあり方を考えるヒントが得られます。そのヒントを二つの視点から見てみたいと思います。

1 ひきこもりと大震災

ひきこもりと大震災についても学ぶ点があります。ここでは，まず，上山の体験に基づく意見に学んでみたいと思います。

「大震災を体験して」

三日間，物流が途絶えていた。さいわい電気が復旧していたので，冷蔵庫の中のものが生きた。それまでは顔も名前も知らない住人同士で，自然とお互いを助けあった。お金なんて役に立たない。必要ならば分けあおう。助けあおう。——いわく言いがたい，感動的な高揚感。…（中略）…

水道の蛇口をひねっても，水が出ない。これが，最高に，＜自由＞だった……。うまく言えない。が，あの『出ない蛇口』は，それまで僕を抑圧し苦しめてきた目に見えない＜日常＞というものが，はっきり壊れた証だった。それは，なんだかはじめて僕に自分の力で自分の肺を使って呼吸することを許してくれたような気がした。誰の所有物でもない開放された＜空気＞を吸っている気がした…（中略）…

この＜自由＞も，感動的な＜協力態勢＞も，ライフラインの復旧とともに，潮が引いたように消え失せていった。またしても，抑圧的な＜日常＞の回路の始動……。お金の経済が始まってしまった。またしても，あの＜窒息＞が始まった（上山 2001：76-77）。

上山の体験は1995年の「阪神・淡路大震災」のときのものですが，「非常時」に出現した，自由な空間，ひきこもりの人もそうでない人も「解放」した自由な空間，そして，「日常」が戻ってくるに従い，その「自由」が「抑圧的な＜日常＞」に変化していく感覚。

このことは，2011年3月11日の「東日本大震災」においても同じように体験したとのことです。これは聞いたことですが，「東日本大震災」以降，それまで家にひきこもっていた，登校拒否・ひきこもりの当事者たちが，一方で「非日常」の中で，家から出てきてボランティアなどを始め成長した例が多々あるそうです。

　一例をあげると，長崎県佐世保市の中村秀治の例があります。中村は，大震災が起こると，いてもたってもいられず，東北の被災地にボランティアに入ります。そこで3ヶ月間懸命にボランティアをした後，次のように述懐しています。

　　≪この約三ヶ月間の出来事に思いを巡らせていると，ふいに涙がこぼれ落ちた。僕はどれだけの人に感謝すれば良いのだろう。どれだけの勇気をみんなにもらっただろう。東北で出会った多くの人の姿と声が頭の中で甦る度，涙がとめどなく流れた。…（中略）…

　　僕がボランティアに来たのは誰かを助けたいという気持ちではなく，誰かに会って自分自身を認めて欲しかったのかもしれない（中村 2018：242）。≫

　以上，二つの例をあげましたが，大震災という＜非日常＞は，人間関係を貨幣を介さない自由なものにし，その中で登校拒否・ひきこもりの当事者も外に出ることができたのです。この事実は，私たちの社会に大切な問題を提起していると思います。

　しかし，大震災はひきこもりの当事者にとって，＜非日常＞における上記のような，いわばプラスの作用をもたらしただけではありません。当然，マイナスの作用も多くもたらしました。

　それは，私も2012年に現地調査しましたが，あの「釜石の"奇跡"」と呼ばれた，被災地釜石市において，被災当時学校にいた児童生徒は全員助かりますが，登校拒否や病気で家にいた児童生徒何人かは被災して亡くなります[註20]。

　その事情については，次の旭爪の文章が参考になります。

　　≪佐々木校長先生の「二十九歳になる次男は，ここ数年，自宅に引きこもっていました。『津波が来るよ』と母親が必死に説得しましたが，『誰にも会いたくない』と最後まで部屋を出ず，津波に飲み込まれていきました。彼をぎりぎりまで説得し続けた母親も，行方がわからなくなりました。救助された三十歳の長男が「仕事優先で家庭を顧みない父親」というお父さんにあたる校長先生は，次男の棺にしがみついて泣いたということです（旭爪 2014：148）。≫

このことについて，彼を知るあるお母さんは，

≪津波にさらわれるよりも恐ろしかった，他人に会うということ（同上：148）≫

と言います。

以上，大震災という＜非日常＞は，二つの側面から物事を考えさせてくれます。

2 社会を変える希望の "芽"

私は，約15年前に『希望としての不登校・登校拒否』という本を出版しました。また，私は，拙著にサインを頼まれるときは "希望" と書いています。それは，前者については，登校拒否問題について，我が子を含む当事者に新しい世の中を作る主体者・主人公としての可能性＝希望を感じたからです。また，後者については，何かと世知辛い，生きづらい世の中，ともに希望を見出していこうという私からのメッセージがこもっています。

私は，多くの当事者の手記などを読んで学んだことの最後に，社会を変える希望の "芽" というテーマでまとめてみたいと思います。

ここでは，まず上山と旭爪の指摘に学びます。

上山は次のように「ひきこもりは『正義の芽』」だと言います。

≪私は，ひきこもりの人が少しずつでも社会復帰すれば，そのたびごとに社会が少しずつ良くなっていくのではないか，とこれは真面目にそう考えています。「正義の芽」なんですよ，ひきこもるというのは。…，正義の芽が100万個，砂粒のように社会に点在して眠っている（上山 2001：149）。≫

この上山の主張は，次の旭爪の意見に学ぶとより説得的に理解できるでしょう。

≪ひきこもりの人が「いまのままの社会に適応しようと無理するよりも，社会の方をもっと生きやすい場所に変えていくことができたらどんなにいいだろう，と考えずにはいられません。…（中略）…

不登校もひきこもりも，その人自身の問題だという側面は否定しがたくあるけれど，多くの場合，もう一つの意味においては，身体を張って学校や社会のあり方に抵抗している姿でもあると思うのです。…（中略）…ひきこもっていたその人が，社会に出ていくことに本当に希望を感じることができるとき――それは，自分の意思で動き出したら，まわりの人たちと力を合わせて，この社

会をもっと生きやすい場所に変えていくことができる，そのように信じることができたときではないだろうか。私はだんだんそう考えるようになってきました（旭爪 2014：88-89）。≫

この旭爪の意見で，私が，登校拒否・ひきこもりは希望の"芽"であると言った意味がつかめたと思います。同時に，この希望の"芽"をどうしたら成長させ，花開かせることができるようになるのかについては，第4章の論に批判的に学びながら，終章で本格的に展開したいと思います。

なお，最後に，上で述べた，当事者は希望の"芽"であることを補強する意味で，映画『十五才 学校Ⅳ』に出てくるひきこもりの登君の詩を紹介して，この節を終わりにします。

≫草原のど真ん中の一本道をあてどなく浪人が歩いている。ほとんどの奴が馬に乗っても，浪人は歩いて草原を突っ切る。

早く着くことなんか目的じゃないんだ。雲より遅くてじゅうぶんさ。この星が浪人にくれるものを見落としたくないんだ。

葉っぱに残る朝露。流れる雲。小鳥の小さなつぶやきを聞き逃したくない。だから浪人は立ち止まる。そしてまた歩き始める。≫

第6節 ｜ 小括

現在，小・中・高校で，「長期欠席」している子どもとひきこもりの人を合わせると約150万人になります。

また，その数はどんどん増え続けています。

その子どもや若者には，それぞれの事情があり苦悩や物語があると思います。本章では，登校拒否・ひきこもりの当事者に学ぶということで，当事者の手記で出版されているほとんどのものにあたり学んできました。

その結果，以上に叙述したように実に豊かに学ぶ点があることがわかりました。私は，改めて当事者は苦悩の中でよく考え抜いているなと感銘を受けました。登校拒否・ひきこもりの当事者は，哲学者だと思います。

特に，現在の学校や社会に対する批判意識は鋭いものがあると思います。私は，以上の第1章と第2章に学んで，第3章以降を書いていきたいと思います。

◆註

註1) 参考にした文献は，以下の通りです。
1. 井上文『制服のない青春』西日本新聞社，1994
2. 堂野博之『あかね色の空を見たよ』高文研，1998
3. 田辺裕『私がひきこもった理由』ブックマン社，2000（勝山実など15名登場）
4. 池上正樹『「引きこもり」生還記 支援の会活動報告』小学館，2001（角野和則など6名登場）
5. 上山和樹『「ひきこもり」だった僕から』講談社，2001
6. 勝山実『ひきこもりカレンダー』文藝春秋，2001
7. 江川紹子『私たちも不登校だった』文藝春秋，2001（中澤淳など8名登場）
8. 林尚実『ひきこもりなんて，したくなかった』草思社，2003
9. 諸星ノア『ひきこもりセキララ』草思社，2003
10. 前島康男 編著『希望としての不登校・登校拒否 本人・親の体験，教師の教育実践に学ぶ』創風社，2004（前島恵など3名登場）
11. 石井守『ひきこもり・青年の出発』新日本出版社，2005
12. 大谷ちひろ「登校拒否は自立への第一歩でした」教育科学研究会 編『教育2010年5月号』国土社，2010
13. 勝山実『安心ひきこもりライフ』太田出版，2011
14. 旭爪あかね『歩き直してきた道』新日本出版社，2014
15. 春日井敏之 ほか編『ひきこもる子ども・若者の思いと支援 自分を生きるために』三学出版，2017（福本和可など7名登場）
16. 藤本文朗 ほか編著『何度でもやりなおせる ひきこもり支援の実践と研究の今』クリエイツかもがわ，2017（たなかきょうなど3名登場）
17. 浅見直輝『居場所が欲しい 不登校生だったボクの今』岩波書店，2018
18. 末富晶『不登校でも大丈夫』岩波書店，2018
19. 中村秀治『おーい，中村くん ひきこもりのボランティア体験記』生活ジャーナル，2018
註2) 属性としては，親が教師や会社の幹部などの高学歴・中流家庭が少なくありませんでした。また，そのことと関連して，父親は「企業戦士」，母親は「教育ママ」，そして，子どもは「受験戦士」という「教育家族」である例が半数以上を占めました。さらに，斎藤も指摘しているように，長男および長女が多数を占めました。
註3) 学生は，これまで「よい子の仮面」をかぶることの辛さや「よい子のキャラを演じる」ことの辛さを訴えてきました。前者については，拙著『学生の描いた絵本の世界』創風社，2014参照。後者については，土井隆義『キャラ化する／される子どもたち 排除型社会における新たな人間像』岩波書店，2009参照。
註4)「よい子」からの「出発」としたのは，次の旭爪の指摘に学びながら，横湯園子『ひきこもりからの出発 あるカウンセリングの記録』岩波書店，2006および，富田富士也『新・ひきこもりからの旅立ち 不登校「その後」・就職拒否に悩む親子との関わりの記録』ハート出版，2000にも学んでいます。

　　≪ひきこもりは克服するような敵ではなくて，むしろ私にとっては，壊れる寸前で身と心を守ってくれた，苦しかったけれど考えてやり直す時間も与えてくれた，味方に近い存在であった，と，つくづく思います。ひきこもりは，熟した果実が枝に止まりきれずにぽ

ろりと自分の重さで落ちるように，『脱け出す』とか，『卒業する』とか，そういうふうにしてそこから離れていくものではないでしょうか（旭爪 2014：198-199）。≫

註5）この小説『稲の旋律』は，後に『アンダンテ』という題名の映画になり，全国で自主上映され，好評を博します。

註6）ミシェル・フーコー『監獄の誕生 監視と処罰』新潮社，1977参照。

註7）「風の子学園事件」とは，1991年7月29日に，広島県三原市の瀬戸内海に浮かぶ小佐木島にあった「風の子学園」で，コンテナ内で14歳の少年と16歳の少女が熱中症で死亡した事件。園長は後に有罪判決を受けます。同様の事件に，「戸塚ヨットスクール事件」，「不動塾事件」，「恩寵園事件」，「長田百合子 ― 杉浦昌子事件」などがあります。

註8）奥地圭子『登校拒否は病気じゃない 私の体験的登校拒否論』教育史料出版会，1989／渡辺位 編著『登校拒否・学校に行かないで生きる』太郎次郎社，1983参照。奥地とその師である渡辺の「理論」および主張の全面的な批判は，第3章および第4章で行います。

註9）斎藤も，いじめ被害者で登校拒否・ひきこもった人は自殺が少なくないと指摘しています（斎藤環『ひきこもり救出マニュアル』PHP研究所，2002，p.46）。この点は，上山も指摘する「思春期葛藤」におけるトラウマ・PTSDの問題として検討することは重要な課題です。

註10）なお，学生が企業面接などで着る「リクルートスーツ」の語源は，「初年兵スーツ」です。文字通り，企業社会という戦場に，初年兵が「リクルートスーツ」に着替えて出かけるのです。

註11）2004年ごろに起こったいわゆる「ニート，フリーター」をめぐる問題については，石川良子『ひきこもりの〈ゴール〉「就労」でもなく「対人関係」でもなく』青弓社，2007，p.65-67）参照。

註12）近年，「結婚しない，できない」男女が増え続けています。最近の統計では，50歳時点で結婚していない男女は，男性が4人に1人（約24％），女性が7人に1人（約14％）になっています（国立社会保障・人口問題研究所『人口統計資料集2019』2019年1月31日）。

註13）登校拒否の激増やいじめの日常化もその影響を受けていると思います。一例をあげれば，宮城県の中学校における登校拒否率は，この10年間連続して全国一です。私は，四年前に，この点の理由および原因を確かめたくて，二度，宮城県仙台市の宮城県教委および宮城県教組を訪ねました。宮城県教委では，登校拒否が多いのは震災の影響だという答えでした。宮城県教組および宮城県高教組では，震災の影響というより激しい進学競争の影響であるという答えでした。私の考えは，基本的に後者の考えに近いものです。

註14）恵は，小学校で1年半を2回，合計3年間登校拒否しました。学校に行かない間は，辛い思いもしましたが，家の隣の，私の妻が園長となっている「障がい児乳幼児施設（おひさまクラブ）」でボランティアをして救われたようです。その後は，2人の兄が通っていた「自由の森学園」で中学および高校生活を送りました。そして，長期休みは，映画『十五才 学校Ⅳ』の主人公のように北は北海道から南は九州まで，10回以上もヒッチハイクをするなど，豊かな思春期を過ごしました。その後は，大学・大学院まで行き，企業就職後は，離職して起業し現在に至っています。今年，兄2人と同様，結婚もしました。

註15）当事者の一人が，体罰はされるより見ている方が辛いと言っていました。

註16）私は，授業でよく絵本の読み聞かせを行います。日本の子どもたちの状況をほかの国と比較して客観的に見る場合，偕成社の『世界の子どもたちシリーズ』を使います。世界の国の中の，思春期の子どもの様子を描いていて興味があります。

その絵本の表紙には，次のように書かれてあります。『フランス‐りんごの花 カリーヌ』，『イタリア‐花の町のヴァニーナ』，『スペイン‐太陽の妖精フェリサ』，『ロシア‐カチューシャの唄』，『フィリピン‐漁師の子エルバート』，『タイ‐マナと緑の大地』です。それでは，日本はどうでしょうか？　日本は『博史・雅代のいそがしい一日』となっています。表紙の題だけで，内容が浮かんできます。ほかの国の子どもたちは，思春期を明るく豊かに過ごしている様子が浮かんできます。なお，奥付の説明には，次のように書かれてあります。

　　《首都東京に住む／博史（十二歳）と雅代（十歳）は／同じ小学校の六年生と四年生／学校のクラブ活動では／ふたりとも卓球部に所属している／家に帰ってからも塾やスポーツクラブに通う／いそがしい毎日だけど／勉強にも遊びにも一生懸命の明るいきょうだいだ》

　　日本の子どもたちは，やはり外国人記者にとって，忙しい毎日を送っていると映るようです。ちなみに，忙しいとは，心が亡くなると書きます。拙著『新版・おとなのための絵本の世界 ─ 子どもとの出会いを求めて ─ 』創風社，2016参照。

註17）登校拒否については，文科省の不登校に関する調査研究協力者会議による『今後の不登校への対応の在り方について（報告）』2003年3月参照。ひきこもりについては，若者自立・挑戦戦略会議『若者自立・挑戦プラン』2003年6月10日など参照，障がい者については，厚労省『障害者自立支援法』2006年4月参照。

註18）登校拒否における学校復帰前提の政策については，拙論「登校拒否・不登校問題と教育機会確保法 ─ 私たちにできることは何か」全国登校拒否・不登校問題研究会『登校拒否・不登校問題のこれからを考えよう』生活ジャーナル，2017参照。なお，2020年から，学校復帰前提の登校拒否政策の見直しが始まっているという主張もありますが，この点については，第4章で検討します。

註19）たとえば，2015年度の「生徒・進路指導論」の場合，「日本と世界の性教育について」，「日本のジェンダー平等について」，「セクシャリティーについて」，「性の商品化について」，「性的少数者（LGBTQ）について」などをテーマとして学び合いました。

註20）「釜石の“奇跡”」と「大川小の“悲劇”」については，拙著『大学教育と「絵本の世界」（中巻）─ 憲法・戦争・教育改革，3.11東日本大震災と子ども・教育，いじめ問題を考える ─ 』創風社，2015の第2章第2節の3を参照。

第3章 Society 5.0と登校拒否問題
── 公教育解体＝市場化・民営化の進行と教育機会確保法・馳試案

はじめに

　今日の日本社会には，「Society 5.0」という「妖怪」が，5年ほど前から現れ，上空をさまよっています。このSociety 5.0なるものは，日本社会を危機から救うものと謳われていますが，実質的には，日本社会のあり方ばかりではなく，公教育のあり方，および学びのあり方を根本的に変えるものであり，同時に，登校拒否問題への影響も少なからずあります。

　本章では，「Society 5.0と登校拒否問題」と題し，第1節で，まずSociety 5.0の本質と問題点を明らかにします。次いで，Society 5.0が公教育の解体＝市場化・民営化を進めるものであることを明らかにします。そして，Society 5.0と登校拒否問題の関係についてふれます。また，第2節以降では，第1節との関連を踏まえ，教育機会確保法前史から辿りつつ，その特徴と問題点を明らかにし，同時に法の三年見直しに伴い新たに浮上した「馳試案」を検討します。

第1節 ┃ Society 5.0とは ── その本質と問題

　本節では，Society 5.0の本質と問題点，Society 5.0と学校・教育のあり方，および，Society 5.0と登校拒否問題についてふれます。

1 Society 5.0の背景と意味

　日本社会は，「失われた30年」と言われるように，1990年代から「不況」と「低

成長」および，労働者の「賃金低下」などが続いてきました。また，新自由主義社会の進行の中で，「格差と貧困」も一層進み，国民を苦しめてきました。

このような中で，安倍内閣は「アベノミクス」という経済政策を打ち出しますが，その政策の三本の矢はことごとく外れ，中には，アベノミクスを「どアホノミクス」[註1]と言う経済学者までいます。

特に日本は，世界各国から経済面でも労働者の賃金上昇などでも遅れ（先進諸国で，30年前から賃金が下がっているのは，日本だけです），経済界は危機感を持っています[註2]。

表3.1を見てもわかるように，2016年から，経済界と政府は，「Society 5.0」という言葉を使い始め，今や，日本経済団体連合会（以下：経団連）および経済同友会なども追随し，内閣はじめ，経済産業省（以下：経産省），総務省，文科省など政府官庁をあげて，このSociety 5.0に基づく政策の具体化を急いでいます。

安倍首相は『第198回国会における安倍内閣総理大臣施政方針演説』（2019年1月28日）の中で，

≪新しいイノベーションは，様々な社会課題を解決し，私たちの暮らしを，より安心で，より豊かなものとする，大きな可能性に満ちている。こうしたSociety 5.0を，世界に先駆けて実現する≫

と強調しました。

Society 5.0とは，狩猟社会（Society 1.0），農耕社会（Society 2.0），工業社会（Society 3.0），情報社会（Society 4.0）に続く，第5の社会と言われています。この社会について，政府文書などでは，「超スマート社会」と銘打って，あとで述べるような概念規定をしていますが，簡単に言えば，AI（人工知能）やICT（情報通信技術）に依拠する未来社会論です。

すなわち，安倍政権と財界・大企業経営者たちは，特にAIさえあれば，現在日本社会の問題は，全て解決できると考えて，その考えのもとに政策を組み立て実行しようとしています。この考えと社会論は，本質的に貧弱な，彼らのイデオロギー的行き詰まりを反映しており，空想的な社会論だと思います[註3]。

Society 5.0の言葉の意味，あるいは定義については，政府および経済界は次のように述べています。「Society 5.0＝超スマート社会」とは，

≪必要なもの・サービスを，必要な人に，必要な時に，必要なだけ提供し，

社会の様々なニーズにきめ細かに対応でき，あらゆる人が質の高いサービスを受けられ，年齢，性別，地域，言語といった様々な違いを乗り越え，活き活きと快適に暮らすことのできる社会（閣議決定『第5期科学技術基本計画』2016年1月22日）。≫

　≪IoTやビッグデータ，AI（人工知能）やロボットなどの革新技術を最大限に活用して社会課題の［原文ママ］解決するとともに新たな価値が創造された，人類史上，第5番目の未来社会（経団連『今後の我が国の大学改革のあり方に対する提言』（2018年6月19日）。≫

表3.1　政府・財界のSociety 5.0に関する主要文献

年月日	発表機関	文献の表題（内容）
2016年1月22日	閣議決定：総合科学技術・イノベーション会議	科学技術基本計画（第5期）：最初に公式に提起
4月19日	経団連提言	新たな経済社会の実現に向けて〜「Society 5.0」の深化による経済社会の革新〜
5月23日	文科省：科学技術白書（2016年度）	超スマート社会/Society 5.0
7月29日	総務省：情報通信白書（2016年度）	IoT，AI，ビッグデータ
2017年2月14日	経団連提言	Society 5.0実現による日本再興
6月 9日	内閣府：未来投資会議	未来投資戦略2017－Society 5.0の実現に向けた改革－
2018年6月15日	閣議決定	統合イノベーション戦略：（Society 5.0の実現に向けて「全体最適な経済社会構造」などを盛り込む）
6月15日	内閣府：未来投資会議	未来投資戦略2018－「Society 5.0」「データ駆動型社会」への変革－
11月13日	経団連提言	Society 5.0－ともに創造する未来－
2019年6月17日	自民党	総合政策集2019　J-ファイル
6月21日	閣議決定	経済財政運営と改革の基本方針2019

＊友寄英隆『AI（人工知能）と資本主義』本の泉社，2019，p.95を加筆修正したもの。

2　Society 5.0の特徴と問題点

　ここでは，主に友寄英隆の著書に学びながら，Society 5.0の特徴を紹介してみたいと思います。

　第一に，今日世界の先進国では，20世紀に入って進行している，IoT（Internet

of Things：モノのインターネット＝身の回りのものがインターネットでつなが
る仕組み），AI（Artificial Intelligence: 人工知能），ビッグデータ（巨大で複雑な
データの集合）などのICT（Information and Communicaion Technology：情報
通信技術）革命の進展によって，「第四次産業革命」が進行しています。

　しかし，この間日本では，先述のように，安倍内閣によってアベノミクスと称
して，もっぱら異次元の金融緩和に狂奔し，三本の矢を放ち，特に第三の矢の成
長戦略でも，労働法制の岩盤規制の改廃など財界の要求に迎合するなどしてきま
した。その結果，註2でもふれたような危機的な状況に陥っています[註4]。

　このような危機的な状況を乗り越える起死回生のための取り組みが，この
Society 5.0の第一の特徴です。

　次いで，第二に，先述の経団連の規定のように，Society 5.0は，人類史上5番
目の未来社会だということです。すなわち，Society 5.0は，産業や教育などを
変革するだけではなく，社会全体を変革する構想だということです[註5]。

　この点について，総務省『平成29年版 情報通信白書』（2017年7月28日）は次
のように述べています。

　《「Society 5.0」は，「課題解決」から「未来創造」までを幅広く視野に入れ
た上で，革新技術の開発と多様なデータの利活用によって政府，産業，社会の
デジタル化を進めるものであり，ドイツが進める「インダストリー 4.0」の概
念も包含しているものといえる（総務省 2017:109）。》

　最後に，Society 5.0は，その空想性に特徴があります。先にあげた，閣議決
定『第5期科学技術基本計画』の文章を見てもわかりますが，その空想性は際立っ
ています。

　その点は，次の内閣府『平成30年度 年次経済財政報告』（2018年8月）を見て
もわかります。

　《AI，ロボット，ビッグデータなど近年急速に進展している第4次産業革命
のイノベーションを，あらゆる産業や社会生活に取り入れることにより，様々
な社会課題を解決するのが「Society 5.0」（内閣府 2018:217）。》

　《新技術の社会実装により，人口減少・高齢化，エネルギー・環境制約など
の様々な社会問題を解決できる「Society 5.0」の実現を進めていくことが重要
である（同上 :292）。》

たとえば，今日の少子化社会を解消するためには，一つには若者が自由に結婚しやすい社会を築かねばなりません[注6]。そのために大事なことは，結婚できるだけの経済的基礎を確立するために，働く職場の確保や働く者の賃金をあげることなどがまず必要です。

また，結婚してから子どもを持つ障害になっているのは，第一番目に教育費が高すぎるということがあります。このことは，AIやロボットでは決して解決できるものではありません。具体的には，税金の応能負担の原則のもとに，大企業の460兆円もの内部留保金から，一部でも国民の生活や教育費に回すようにする，あるいは，無駄な軍事費や米軍思いやり経費などを，福祉や教育費に回すなどで解決の道に着くことができます。

つまり，このことは政治の問題です。現在の安倍政権下では，教育予算は，OECD加盟国の対GDP比で5年連続最下位です。この教育費をせめて平均並みにすることは，決して無理な要求ではないでしょう。

3 Society 5.0と学校および教育

Society 5.0に基づく教育政策は，財界および政府をあげて掲げられています。次の表3.2からもわかるように，特に経産省が『「未来の教室」とEdTech研究会』なるものを作り先行し，文科省が追随しています。

ここでは，経済界および内閣，経産省，文科省などが出した諸文書から浮かび上がってくるSociety 5.0と，学校および教育との関連をまとめてみます。

第一の特徴は，AI，ビッグデータ，IoTなどのICTの学校教育への導入により，実質上，学校と民間教育（塾など）の壁がなくなるとともに，民間教育で蓄積されたICTのノウハウが，基本的に学校教育へ活用（＝支配）されるということです。

　このような中で，≪「毎日朝の8時から午後3時まで同じ学校に居る」という常識も崩れるのではないか。例えば午前中は学校に通い，午後はフリースクールや学習塾に通う，自宅でEdTechを使い勉強する，または午前と午後で複数の異なる学校に通うなど，学び方は今より多様になるのではないか。…（中略）…個人プロジェクトで優秀な成果を残すことや，（学校の授業には出ないでも）多様な民間教育プログラムを生徒が選んで「到達度」に達したことが証明されて「卒業」するという選択肢も可能になるのではないか（経産省 2018:11）。≫

ということになる可能性があります。

　また，≪民間教育は引き続き教育イノベーションをリードし，「受験産業」「公教育の補完機能」を超えた「能力開発産業」へと本格的に脱皮すべきである（同上：18）。≫とまで言っています。

　すなわち，Society 5.0の教育版であるEdTechによると，子どもたち＝学習者は，次頁の図3.1のような教室空間，学習内容，先生およびEdTechに囲まれて，学習することになります。

表3.2　Society 5.0と学校・教育 ― 財界および政府の意見一覧

年月日	発表機関	文献の表題および内容
2017年5月16日	自民党経済産業部会	政策提言『アベノミクスの更なる進化へ』でEdTechの積極的導入を提言
6月 9日	安倍内閣	成長戦略『未来投資戦略2017』でEdTechに言及
6月20日	経団連	『第3期教育振興基本計画に向けた意見』
2018年1月	経産省	教育産業サービス室を解説，『「未来の教室」とEdTech研究会』設置
6月 5日	文科省「Society 5.0に向けた人材育成に係る大臣懇談会」	『Society 5.0に向けた人材育成〜社会が変わる，学びが変わる〜』
6月	経産省	『「未来の教室」とEdTech研究会』第1次提言発表
6月15日	安倍内閣	『未来投資戦略2018』でEdTechの具体的施策を提示
11月13日	経団連	『Society 5.0 ― ともに創造する未来 ―』
2019年4月 3日	経済同友会	『自ら学ぶ力を育てる初等・中等教育の実現に向けて〜将来を生き抜く力を身に付けるために〜』
4月17日	文科省大臣→中教審に諮問	『新しい時代の初等中等教育の在り方について』
5月17日	教育再生実行会議（第十一次提言）	『技術の進展に応じた教育の革新，新時代に対応した高等学校改革について』
6月	経産省	『「未来の教室」ビジョン』（「未来の教室」とEdTech研究会 第2次提言）
6月25日	文科省	『新時代の学びを支える先端技術活用推進方策（最終まとめ）』
6月28日	文科省	『学校教育の情報化の推進に関する法律（通知）』
10月25日	文科省	『不登校児童生徒への支援の在り方について（通知）』

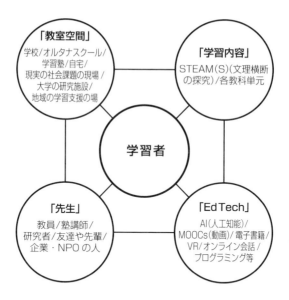

図3.1　EdTechによる「学びの社会システム」

＊経産省『「50センチ革命×越境×試行錯誤」「STEAM(S)×個別最適化」「学びの生
産性」(「未来の教室」とEdTech 研究会第1次提言)』2018年6月，p.6より引用

　確かに，学習者の学習の多様性は広がるかもしれませんが，基本的に今までの
公教育は解体します[註7)]。そして，事実上，教育の市場化・民営化はどんどん進
行し，塾などの民間産業の利益は増え続けます。
　第二に，子どもたちの学びは，「個別最適化」された「学習ログ」を使用し，幼
児期から作成を強要された「個別学習計画」に基づき行われます。そのため，一
人一台のパソコンを持つことが必要になります。
　このことについて，次の新聞記事は参考になります。

　「ランドセルがPCに？」
　　日本中の学校にパソコン(PC)一人一台を配備するという政策が浮上し
　ている。
　　　私立の一部には，二十年も前から一人一台が当たり前に配備される学校も
　　あるが，まだ少数派。教育関係者からは，歓喜の声と，忙しさの加速を危惧

する声の両方が聞こえてくる。

　さて，一人一台が実現すると，どんな教室が実現するのだろう。PCやタブレットなどの情報通信技術(ICT)機器がもたらすのは，徹底した「個別最適」。子どもたちに一斉に教えるのでなく，一人一人に個別に最も適した教育ができる。…（中略）…

　教科書以上の知識がネット上にあるという前提に立つと，いま家庭が購入する文具や教科書，辞書などはいらなくなる。入学祝いは高級なランドセルではなく，子ども用PCが常識。そんな日も近いかもしれない（今村久美（NPOカタリバ代表）『東京新聞』2019年11月28日夕刊）。

　ここでも，教育産業がまた利益を上げることになります。まさに「教育アベノミクス」です。

　第三に，学びの「個別最適化」に伴い，小学校高学年から教科担任制になるとともに，これまでの「年齢主義」から「修得主義」への転換が図られます。

　この点，経済同友会『自ら学ぶ力を育てる初等・中等教育の実現に向けて～将来を生き抜く力を身に付けるために～』（2019年4月3日）では，次のように述べています。少し長くなりますが，引用します。

「テクノロジーを活用し，学びの質を高めるための規制・制度改革」

　　子供たちの学びの質を高めるためには，テクノロジーの活用による，学びの効率化と教員の働き方改革が不可欠である。しかしながら，学校におけるICT環境の整備とテクノロジーの活用は，社会全般に比して大きく遅れている。

　（1）年齢主義から修得主義への転換

　　従来は，一人ひとりの進度・理解度に応じた学びを提供するには途方もないマンパワーが必要だったが，テクノロジーを活用することで，一定の領域においては，指導の個別化と子供たちの学びの効率化を図れるようになり，いずれは一人ひとりに最適なカリキュラムをAIが導き出すようになる。…（中略）…

　　学校教育法第17条は，義務教育の範囲を年齢で定め，同施行規則は別表

において，各教科等それぞれの授業時数や各学年におけるこれらの総授業時数の標準を定めているが，スタディ・ログの活用により，一人ひとりの進度・理解度をより精緻に把握することが可能になった現在，こうした一律の定めは撤廃すべきである。また，将来にわたり個々人の能力を最大限発揮させる観点から，文部科学省は，いわゆる飛び級の制度化や原級留置の運用についても改めて検討し，本人の修得レベルに応じた教育を提供すべきである（経済同友会 2019：4）。

また，『教育機会確保法』附則の三年見直しに際しては，
　≪年齢主義に基づき，16歳以上を「学齢期を経過した者」として区分するのではなく，小学校高学年以降，修得した基礎学力の状況に応じた学年に在籍し学習の機会を得られるようにすることで，人生を通じて一人ひとりがその能力を最大限発揮するための礎となる義務教育制度へと変革すべきである（同上：5）。≫
以上のように，経済同友会は，小学校高学年からは年齢主義から修得主義への転換を提案しています。これまでは学力が低かったり，小学校は登校拒否だったりした子どもでも，小学校6年間在籍すれば中学校へ進学できました。しかし，経済同友会の提言通りになると，修得状況に応じて，小学校高学年からは原級留置（＝留年）や飛び級も可能になることになります。
　また，このことは，教育機会確保法三年見直しに際してそうしなさいと言っています。ちなみに，私は，次節でふれるように，この点は厳しく批判しておりますが，現在，中教審でも検討中であり，修得主義への転換が実現する可能性があります。厳しく注視したいと思います。
　さらに，この年齢主義から修得主義への転換，特に「飛び級」などと関連して，登校拒否や発達障がいの一部の子どもから，トップエリートを選抜する意図をあからさまに述べています。
　この点について，経団連等の文書から，三点引用します。

　・平等主義からの脱却（トップ人材の育成）
　　国民全体のリテラシーを高めて誰もが新たな価値を生む挑戦を続けるよう

にするとともに，各領域で抜きん出た才能を有するトップ人材やエリートの育成も重要である。エリート主義に対する日本の否定的な世論や，エリートが育成されにくい風土は大きな課題であり，悪しき日本的平等主義から脱却すべきである（経団連『Society 5.0 ─ ともに創造する未来 ─』2018年11月13日，p.43）。

「能力の高い10代とプロフェッショナルとして契約する」
　スポーツや将棋の世界では，高い能力を有する10代をプロと認め，グローバルな活躍を後押ししている。また，大学や大企業にも，19世紀から20世紀初頭の20 〜 30代が興したベンチャー等に由来するものが少なくない。しかしながら企業は近年，プロかどうかの判断を大学の卒業証書に頼ってきた。
　企業も自社のビジネス領域において確固たる"プロ"の評価基準を整えるとともに，コンテスト等を主催して，義務教育を終えた10代の資質・能力を顕在化させる。また，そうした人材には，年功序列に代表される伝統的雇用慣行にとらわれない契約・報酬体系とキャリアプランを用意し，社会人としての成長を促しつつ，ビジネスの現場で早期に活躍の機会を提供する。
　なお，こうした人材がライフステージを通じて就業と学びを行き来して活躍するためには，企業と教育現場の双方に柔軟性が求められる（経済同友会『自ら学ぶ力を育てる初等・中等教育の実現に向けて〜将来を生き抜く力を身に付けるために〜』2019年4月3日，p.7）。

　特に，不登校の子ども達，発達障害の子ども達や，ギフテッドと呼ばれる例外的に高い知能や特性を持つ子ども達，さらにその両方に当てはまり二重の意味で例外的な特性を持つ2E（Twice Exceptional）と呼ばれる子ども達を無理に学校生活に適合させようとせず，保護者と本人が個別最適化された環境を堂々と選び，持てる能力を伸びやかに育む環境は十分に整備されていない（経産省『「未来の教室」ビジョン（「未来の教室」と EdTech 研究会 第2次提言）』2019年6月，p.11）。

以上のように，Society 5.0は，公教育を実質的に解体し，企業が教育を利益

本位に活用することを許すことで，教育の市場化・民営化が進み，さらに，年齢主義から修得主義への変化に伴う留年や飛び級などが一般化します。同時に，財界のねらうグローバルエリートづくりが行いやすくなるという特色があります。

　また，上では詳しくふれられませんでしたが，学ぶ内容は，「STEAM（Science, Technology, Engineering, Art, Mathematic）」という，あくまで産業界向けの理系中心であることも抑えておきたいと思います。

4　Society 5.0と登校拒否問題

　それでは，Society 5.0と登校拒否問題は，どのような関係にあるでしょうか。

　まず，経団連等の文書は，押し並べて，登校拒否の増加について危機感を共有しながら，政策提言の推進力として利用しています。

　この点，たとえば，経産省の『「未来の教室」ビジョン』は次のように述べます。

　《今後の教育改革を考える際，医療分野における近年の変化が参考になるだろう。ビッグデータの解析により，かつては不可能であったレベルの，個々の患者の特性に応じた精密な医療が可能になりつつある。教育分野においても，デジタル技術を活用した革新的な教育技法であるEdTechは，一人ひとりの子ども達に個別最適化された学習機会を提供することを技術的に可能にしている。また，子ども達はインターネットにアクセスできれば，世界中の社会課題や研究の最前線に触れる機会も容易に手にすることができる。それにもかかわらず，子ども達が学校でデジタル技術やインターネットを活用して学ぶ環境の整備は進んでいない。

　また，従来の一律・一斉・一方向型の教育になじみにくい子ども達の不登校問題が深刻化している。発達障害やギフテッドの子ども達の学びの選択肢の少なさも大きな課題である（経産省 2019:2）。》

　以上のような問題意識に基づいて考えられている，登校拒否の子どもに関係した政策は，以下の三点です。

　まず，第一に，登校拒否の子どもにも個別学習計画を出させて，自宅においてパソコンで学習させることです。

　この個別学習計画は，本章第4節でふれるように，第一次『馳座長試案』で出され，そのとき，関係者の多くの反対によって取り下げられたものです。それ

が，その後の情勢の中で復活されようとしています。

　しかし，小・中で20万人近い登校拒否の子どもの中で，家庭で，落ち着いて個別学習計画を提出できる子どもは，ごくわずかだと考えられます。

　そのほかの多くの子どもは，当面は「学校臭い」ものは拒否し，基本的にゆっくり休養し，自分自身を取り戻したいと思っているのが真実でしょう。

　第二に，登校拒否および発達障がいの一部の子どもから，「天才」(下村博文元文科大臣の言葉)およびトップエリートを発掘するというねらいです。

　このことは，次節でも詳しく紹介しますが，東大先端科学技術研究センターと日本財団の共同事業として，「異才発掘プロジェクトROCKET」が実施されていることと関係があるでしょう^{註8)}。

　第三に，経済界を中心に提起され，現在中教審でも検討されていますが，小学校高学年からの子どもの進級に対する年齢主義から修得主義への転換です。

　私の子どもは，登校拒否した3人中2人は，小学生時代それぞれ，三年間と四年間学校に行けませんでした。この制度に転換すると私の子どもも含め多数の登校拒否の子どもが進級できず「原級留置＝留年」する可能性があります。

　一部の「天才」やエリート「人材」育成のために多くの登校拒否の子どもが犠牲になることはとても許されることではありません。

　以上の三点の詳しい批判は，次節でも行います。

第2節　教育機会確保法の特徴

　第1節では，「Society 5.0と登校拒否問題」ということで，Society 5.0の本質と問題点，および登校拒否問題との関連についてふれてきました。本節では，第1節を踏まえて，登校拒否問題について，ある意味，戦後最も激しく論争された教育機会確保法問題について，詳しく論じたいと思います。

1　経済界および政府の動向と多様な教育機会確保法案

　日本の教育政策は，基本的に経済界＝経団連と経済同友会がまず政策を出し，それを政権政党である自由民主党(以下：自民党)が教育再生会議および教育再生実行会議などで具体的な提言を行い，さらに中央教育審議会で審議する中で

オーソライズし，官僚が法律案を作成，国会審議を通じて論議し決定し，法の作成や改正に結びつき実行されていくという道筋を通ります。

　『教育機会確保法』の前に，政府から提出された『多様な教育機会確保法案』は，経団連の『21世紀を生き抜く次世代育成のための提言 ―「多様性」「競争」「評価」を基本にさらなる改革の推進を ―』（2004年4月19日）にある「公教育の世界に新しい風を入れる ― 外部の人材やノウハウを活用」や『これからの教育の方向性に関する提言』（2005年1月18日）で次のように述べたことの延長線上にあると考えられます。

　≪義務教育は公立学校が担うという考えから脱却し，私立学校の設置を進めるべきである。また，私立学校のみならず，株式会社立学校やNPO立学校など，多様な主体による学校設置も認める必要がある。さらに，公立学校の運営を学校法人だけでなく，株式会社やNPOに委託する公設民営の手法も活用していくべきである。

　このような観点から，学校の設置・運営主体にかかわる現行の基本的枠組み（教育基本法第6条1項，学校教育法2条）を改正し，多様な主体の教育への参入を促進すべきである。教育基本法第6条1項について，「法律に定める学校は，公の性質をもつものであって，国又は地方公共団体の外，法律に定める法人のみが，これを設置することができる」という規定から，「公の性質をもつもの」という部分を削除するなど，株式会社やNPOによる学校設置・運営ができるようにする必要がある（経団連 2005，下線：提言）。≫

　≪小中高等学校への予算措置や助成を，教育の受け手の評価に基づく形にするため…（中略）…，生徒や保護者などの選択結果を反映して補助金を交付する教育バウチャー制度を導入することを求めたい。

　その際，憲法89条…（中略）…の規定を，私学助成の根拠を明確化する観点から見直すべきである。…（中略）…とくに小中学校については，児童・生徒や保護者の多様なニーズに応えておらず，また学校間の競争も十分とはいえず，早急な対応が必要とされる。こうした点に鑑み，義務教育段階でのバウチャー制度の導入を早急に検討すべきである（同上，下線：提言）。≫

　この，小中学校段階でのバウチャー制度の導入は，以下でふれる下村元文科大臣や馳元文科大臣も強調している点であり，注目しておきたいと思います。

さらに，注目しておきたいのは，自民党の教育再生会議『第三次報告』(2007年12月25日)です。同報告では以下のように述べています。

　　≪特に優れた資質を有する子供が，学年を超えて学ぶこと(いわゆる飛び級)ができるような制度の弾力化…(中略)…学力定着のための留年については，義務教育段階では，本人の希望や保護者の同意がある場合などに活用(教育再生会議 2007:7)≫する。

　すなわち，同報告では，6・3制の見直しと飛び級および留年制度＝修得主義の導入がセットで考えられていたという点です。

　また，以上の考えが教育再生実行会議『第五次提言』(2014年7月3日)や『第189回国会における安倍内閣総理大臣施政方針演説』(2015年2月12日)に結びつくわけです。

　まず，『第五次提言』では次のように述べます。

　　≪国は，小学校及び中学校における不登校の児童生徒が学んでいるフリースクールや，国際化に対応した教育を行うインターナショナルスクールなどの学校外の教育機会の現状を踏まえ，その位置付けについて，就学義務や公費負担の在り方を含め検討する。また，義務教育未修了者の就学機会の確保に重要な役割を果たしているいわゆる夜間中学について，その設置を促進する。…(中略)…国は，小学校段階から中学校段階までの教育を一貫して行うことができる小中一貫教育学校(仮称)を制度化し，9年間の中で教育課程の区分を4－3－2や5－4のように弾力的に設定するなど柔軟かつ効果的な教育を行うことができるようにする(教育再生実行会議 2014:3-4，下線：引用者)。≫

　また，『施政方針演説』では次のように述べます。

　　≪フリースクールなどでの多様な学びを，国として支援してまいります。義務教育における「六・三」の画一的な学制を改革します。小中一貫校の設立も含め，九年間の中で，学年の壁などにとらわれない，多様な教育を可能とします(内閣府 2015，下線：引用者)。≫

　以上のような経緯を踏まえ，2015年8月に多様な教育機会確保法案＝『馳座長試案』が出されてくるわけです。この馳座長試案の検討は，第4節で行います。

2　教育機会確保法成立をめぐる四つの勢力の位置関係と主張

　教育機会確保法成立をめぐっては以下の四つの勢力が存在し，それぞれの主張の特徴はかなり明確でした。

　その四つの勢力と主張の特徴は次の様なものです。

　①自民党内の市場的規制緩和論（教育多様化・一面的能力開発の重視），学校設置・運営主体の民営化を図り，多様な学校の設立を可能にしようとする教育の市場的緩和論であり，能力開発を重視する立場，下村博文に特徴的な論調。

　②フリースクールネットワーク・旧民進党等の子どもの権利保障として学びの場の多様化論（教育多様化・子どもの権利），フリースクール等を一条校に並ぶもう一つの教育機関として，公的に認めさせようとする学びの場の多様化論です。子どもの権利論を基底におきますが，規制緩和論では，また子どもの自己決定を重視する点は論理上，①と親和的です。

　③登校拒否・不登校問題全国連絡会，親の会ネットと共産党・社民党などの共同教育および子ども権利重視論（共同教育・子どもの権利），子どもの権利を尊重し，当事者とフリースクールへの支援を必要と考えますが，学びの場の多様化は教育の市場化を招きかねないとして慎重であり，共通・共同の義務教育を求める立場です。

　④自民党内の多数派であり，義務教育が国民形成や社会統合に果たす役割を重視し，教育の規制緩和に批判的です。③と④は子どもの権利理解や教育政策をめぐって大きな懸隔がありますが，規制緩和に批判的な点では共通しています[註9]。

3　教育機会確保法成立の背景

　多様な教育機会確保法案と教育機会確保法案には，どのような違いがあるでしょうか，まず，前者については，先にふれた，2015年2月12日の国会での安倍首相の『施政方針演説』が参考になります。

　この法案は，2項の①と②の流れが合体してできあがったものです。すなわち，2項の②の勢力の考えが①の勢力に取り込まれたということ，②の勢力の≪提案が法案へ結びついていったのは，それが能力開発・社会投資政策の枠組みに接合

され，正統化されえたから（横井 2018:55）≫です。

　法案は，次のような特徴・論点を持っていました。

　第一に，法案の第1章: 総則の「目的」にある「多様な教育機会」の理解をめぐってです。そこには，

　　≪この法律は…（中略）…義務教育の段階に相当する普通教育を十分に受けていない者に対する当該普通教育の多様な機会の確保（以下「多様な教育機会の確保」という。）に関する施策に関し，…（中略）…基本指針の策定その他の必要な事項を定めることにより，多様な教育機会の確保に関する施策を総合的に推進することを目的とする（フリースクール等議員連盟総会 2015）。≫

と書いてありました。

　この「多様な教育機会」は，学校教育法一条校の学校制度の外に新しい学校制度を認める可能性があります。

　さらに，第二の特徴は，個別学習計画を全ての登校拒否の児童生徒に提出させることにより，学習指導要領等の既存の学校的な学習を迫るという問題です。

　特に，この第二の問題点に多くの保護者や団体の批判が集中した結果もあり，法案は，二転三転した結果，2016年3月11日には，教育機会確保法案として，再審議にかけられます。

　この法案は，前者がいわゆる「フリースクール法案」と呼ばれたのに対し，「登校拒否対策法案」と呼ばれました。

　教育機会確保法案は，多くの個人・団体の反対の中で，同年12月に可決成立しました。この法律の内容の批判的な検討は，第3節で行います。

　ここでは，2項でふれた「自民党多数派④が法案を作り直して従来型不登校対策を主な内容とする教育機会確保法の成立という帰結を迎えた」という点と，同時に，

　　≪法の規定がすべて，登校復帰という至上の目標に向かって収斂している。とにかく学齢期の子どもは須らく学校という場に身を置かねばならないことが，ひたすら絶対化されている（倉石 2018:19）≫

という点を押さえておきたいと思います。

冒頭でも述べましたが，法案は当初「多様な教育機会確保」を掲げ，「フリースクール等への支援」を主眼とした内容から始まりました。それが二転三転した後の法を見てわかることは，主眼が「登校拒否問題への対策」の法へとシフトしたことです。

教育機会確保法は多様な教育機会確保法案と異なり，基本的に「理念法」としての側面がありますが，実質は異なります。

法は，全体として第1章から第5章（第1条〜第20条）と附則，また，衆参両院における九つの事項の附帯決議から成り立っています。

ここでは，法や附帯決議，あるいは審議過程，さらには，法について論じた論文等を精査し，いくつかの特徴と問題点について述べたいと思います。

1 「不登校」の定義における概念の混乱 ―「不登校児童生徒」を定義する誤り

教育機会確保法は，「不登校児童生徒」を次のように定義しています。

《相当の期間学校を欠席する児童生徒であって，学校における集団の生活に関する心理的な負担その他の事由のために就学が困難である状況として文部科学大臣が定める状況にあると認められるものをいう（第二条第三号）。》

周知のようにいじめ防止対策推進法は「いじめ」の概念規定を行いましたが，「いじめられる子」は定義されていません。それを定義すること自体が間違っているからです。その意味でこの法が「不登校」の定義を行わず，「不登校児童生徒」を定義していることは明らかな誤りであり，条文における概念の混乱と言わざるを得ません。つまり登校拒否は，かつての文部省の『学校不適応対策調査研究協力者会議報告』（1992年3月13日）が述べているように，「誰にでもおこりうる」問題なのです。それにも関わらず「不登校児童生徒」の概念が規定されることで，一般の子どもから区別された「いじめられる子」がいるかのような混乱が，登校拒否の児童生徒に対する指導の現場に引き起こされる可能性があります。

そうした意味で，法が規定する「不登校児童生徒」の定義によって起きている深刻な問題点を以下に列挙します。

第一に，この定義は「学校における集団の生活に関する心理的な負担」を登校拒否児童生徒の第一の要因としてあげ，原因を子どもに求めています。国連・子どもの権利委員会『第3回総括所見』（2010年6月20日）は「高度に競争的な学校環境が就学年齢にある児童の間で，いじめ，精神障害，不登校，中途退学，自殺などを生んでいる」と指摘しています。それは登校拒否問題の焦点が一般の子どもたちの中に「なぜ学校における集団の生活に関する心理的な負担が生まれるのか」にこそあることを示しており，子どもの側に原因を求める見解とは一線を画すべきであることを示していると言えます。

　因みに先に紹介した文部省の1992年報告でも，「学校生活上の問題が起因して登校拒否になってしまう場合がしばしばみられる」ことを指摘しており，登校拒否の原因を「学校における集団の生活に関する心理的な負担」を感じる特別な子どもに求めてはいません。法は文科省が蓄積してきたこの知見の内容とも矛盾していることになります。

　第二は，「相当の期間学校を欠席する」ことを登校拒否児童生徒の要因にあげていることです。「学校における集団の生活に関する心理的な負担」を感じるほどに競争と管理の厳しさが増している中で，心身の健康を維持するために自ら相当の期間学校を欠席することを，『子どもの権利条約』第31条では「休息及び余暇の権利」として全ての子どもに保証すべき権利の一つに掲げています。

　ところが「相当の期間学校を欠席する」児童生徒が30万人以上もいる現状を，学校のあり方を問う児童生徒からの「警報」あるいは「シグナル（意見表明）」[註10]として問題にするのではなく，ほかの児童生徒から登校拒否児童生徒を区別する要因として概念化しているのですから，国際的常識から遠く離れた法であると言わなければなりません。

　そして第三は，「文部科学大臣が定める状況にあると認められるもの」を登校拒否児童生徒の要因としてあげていることです。しかも，文部科学大臣が定める状況にあることを根拠に登校拒否児童生徒を特殊な子どもと見なし，その児童生徒に対する対策として別立ての教育を準備することにしている訳ですから，文科大臣が定める基準によって児童生徒の中に区別＝差別を持ち込み，排除することを法的に認めることになります。

2　学校制度の複線化，年齢主義から課程主義（修得主義）へと導く法の理念

　法は，＜基本理念＞を述べた第三条第四号で次のように述べます。

　　≪四　義務教育の段階における普通教育に相当する教育を十分に受けていない者の意思を十分に尊重しつつ，その年齢又は国籍その他の置かれている事情にかかわりなく，その能力に応じた教育を受ける機会が確保されるようにするとともに…（後略）≫

　この理念の「年齢又は国籍その他の置かれている事情にかかわりなく」という部分と，「その能力に応じた教育を受ける機会」という部分が問題になります。

　ここでは，まず後者の部分について検討しましょう。

　安倍首相は，『第193回国会における安倍内閣総理大臣施政方針演説』（2017年1月20日）で次のように述べています。

　　≪先般成立した教育機会確保法を踏まえ，フリースクールの子どもたちへの支援を拡充し，いじめや発達障害など様々な事情で不登校となっている子どもたちが，自信を持って学んでいける環境を整えます。

　　実践的な職業教育を行う専門職大学を創設します。選択肢を広げることで，これまでの単線的，画一的な教育制度を変革します（内閣府　2017）。≫

　この施政方針演説では，第一に，フリースクールへの支援，第二に，いじめや発達障がいなどの様々な事情で登校拒否となっている子どもたちが自信を持って学んでいける環境を整えること，そして，第三に，単線的，「画一的」な教育制度を変革すること，とまとめることができるでしょう。

　まず，第三の，「画一的な教育制度を変革」することについて検討しましょう。

　教育法学者の谷口聡は，≪第2次安倍政権の教育再生実行政策において，フリースクール等の法制化が主要な検討課題になった要因には，学校の民営化という側面を有しつつ，これとは異なる目的が加わっていると考えられる（谷口2016：10）≫としたあと，その「異なる目的」とは，≪教育再生実行会議第五次提言は，この実践的な職業教育を行う新たな高等教育機関の制度化を含め，幼児期から高等教育に至る学制改革の全般的な再編を提言したが，それは「能力に応じた教育」という原理に基づいて教育制度を再編することを志向している（同上：10）≫と述べています。

「能力に応じた教育」、あるいは、「能力主義教育」は、戦後特に1960年代以降、財界・政府によって唱えられ、主に教育制度の複線化がねらわれ一部実現してきました。

　今日、フリースクールの制度化とともに、この「教育制度の変革＝教育制度の本格的複線化」が唱えられていることは、喜多明人や奥地圭子らの唱える「多様な学び保障法を実現する会」の運動の理念＝学校教育法一条校に並ぶ「多様な学びの場」を創ることを、この教育制度の複線化の路線に利用する意図があるといえるでしょう。

　また、能力に応じた教育が進めば、上層の教育を受けた層と、中層又は下層の教育を差別的に受けた層との格差は当然広がります。そして、国民には徐々に不満がたまることになります。その不満をそらす意味で、次のような施策を政府は考えています。

　それは、内閣府の『ニッポン一億総活躍プラン』（2016年6月2日）にも見られます。同プランでは次のように述べます。

　3.「希望出生率1.8」に向けた取組の方向…（中略）…
　　(2)すべての子供が希望する教育を受けられる環境の整備…（中略）…
　（課題を抱えた子供たちへの学びの機会の提供）
　特別な配慮を必要とする児童生徒のための学校指導体制の確保、スクールカウンセラー、スクールソーシャルワーカーの配置など教育相談機能の強化に取り組む。
　いじめや発達障害など様々な事情で不登校となっている子供が、自信を持って学んでいけるよう、フリースクール等の学校外で学ぶ子供への支援を行い、夜間中学の設置促進等を図る。
　経済的な理由や家庭の事情により学習が遅れがちな子供を支援するため、大学生や元教員等の地域住民の協力及びICTの活用等による原則無料の学習支援を行う地域未来塾を、平成31年度（2019年度）までに全中学校区の約半分に当たる5000か所に拡充し、高校生への支援も実施する（内閣府2016）。

また，フリースクールの制度化をどう考えたらよいでしょうか。

　文科省の調査によれば[註11]，フリースクールは全国に474校あり，そこに4,196人の子どもが在籍しています（高校段階を含めると7,011人）。

　フリースクールで学ぶ子どもたちは，「長期欠席」の子どもたち約27万4千人の約2.5％です。確かに，フリースクールへの財政的支援は喫緊の課題です。しかし，安倍首相がにわかにフリースクール等への支援を言い出したのは，「多様な学び保障法を実現する会（共同代表：奥地ら）」が，学校教育法一条校に並ぶ「多様な学びの場」を要求してきたのと軌を一にしているようです。

　もし，フリースクールの支援と教育制度の改革＝複線型学校制度の実現あるいは，フリースクールの公教育化が可能になると，どのような問題が生じるでしょうか。

　まず，第一に，小学校入学段階で，既存の小学校を選ぶかあるいはフリースクール等の「オルタナティブ教育」を選ぶかの選択を保護者や子どもに求めるようになります。場合によっては，この選択は入学試験をめぐる激しい競争を生む可能性もあります。このことは，義務教育が果たしてきた教育の機会均等を歪め，制度による不利益が親の選択の責任に転化される危険性をもたらします。

　第二に，このことは全国に500近く存在するフリースクールの二分化が生じるだろうということです。先の文科省調査によると，全国のフリースクールのうち，在籍者数が51人以上のスクールは5％ほど存在します。この比較的規模の大きいフリースクールは公教育化に踏み切れるかもしれませんが，小・中規模のフリースクールは，人的物的資源においても公教育化を断念する場合が多いでしょう。

　これらの公教育化に踏み切れないフリースクールが，公教育のお墨付きがないという理由で経済的な援助が受けにくい事態が生まれる可能性があります。

　そして，第三に，全国で約32万人も存在する「長期欠席」の中の大多数の子どもたちが，既存の学校にも行けない，そして，フリースクール等へも行けないという疎外感・置き去り感をより強めていくのではないかということです。

　次に，安倍首相が「いじめや発達障害など様々な事情で不登校となっている子どもたちが，自信を持って学んでいける環境を整えます。」と述べていることを，どうとらえたらよいでしょうか。

　この点は，下村元文科大臣の発言（2014年10月28日の記者会見）や「不登校

に関する調査研究協力者会議」の委員に東京大学先端科学技術研究センター教授・「異才発掘プロジェクトROCKET」プロジェクト・ディレクター中邑賢龍が入っていること，さらに教育再生実行会議『第九次提言』(2016年5月20日)の内容などを精査すると明確になるでしょう。

『第九次提言』は，次のように述べます。

「優れた能力を有する発達障害，不登校などの課題を抱える子供への教育」
　国は，特定の分野で特に優れた能力を有する発達障害，不登校などの課題を抱える子供たちの能力を伸ばす取組を広げる方策について，現在大学・民間団体等で実施されている先進事例[12]等も踏まえつつ，大学，地方公共団体，関係団体等とも連携しつつ検討する(教育再生実行会議 2016:11)。

この引用の中の先進事例[12]には次のように書かれています。
　≪12　東京大学先端科学技術研究センターと日本財団が実施している「異才発掘プロジェクトROCKET」では，突出した能力を有する，現状の教育環境に馴染めない不登校傾向にある小・中学生を全国から選抜し，継続的な学習保障及び生活のサポートを提供している。平成26年度から開始し，2年間で28名を選抜し，支援している(同上:11)。≫
「異才発掘プロジェクトROCKET」のホームページ等を参考にすると，政府・財界は本格的に，この事業を展開しようとしていることがわかります。

2014年には，このプロジェクトの募集人員10名に対し，約600名が応募し，15名が合格。2015年には，募集10名に対し，約550名が応募し，13名が合格しています。2016年度からは，「異才発掘プロジェクト」の「スカラー候補生」の募集人員を50名に増やし全国各地8ヶ所で計810名規模の説明会をするとしていました。将来は「異才」の学校をつくることを目指しているそうです。

この考えは，端的に言ってごく一部の登校拒否の子ども，あるいは発達障がいの子どもから「異才」という名の「エリート」を選抜しようということにほかなりません。ですから，このことは大部分の登校拒否の子どもの悩み・苦しみの解決とは無縁の考え方だということができるでしょう。

この点は，第1節でふれた，ギフテッドなどの「天才」への注目につながって

いきます。

　次いで，前者の「年齢又は国籍その他の置かれている事情にかかわりなく」という部分，すなわち教育の年齢主義から修得主義への移行について検討します。

　今日の日本の教育の義務教育は，6・3制で，登校拒否の子どもでも本人や親が希望すれば，ほとんど学校に通えなくても年齢が15歳に達すれば形式的には中学校を卒業できました。それは，確かに年齢にふさわしい学力の獲得という課題はありながらも，中学校を卒業できれば，誰でも希望すれば高校を受験できる，あるいは，働きたければ働くことができるという制度でした。

　この制度は，もともと15歳までは児童労働から解放されるという積極面を持った制度でした。この点が，義務教育法制の根源的な意味です。

　しかし，この制度を根本的に変えようとするのが，教育機会確保法の第三条第四号の規定です。

　すなわち，登校拒否等で十分に学校に通えず，十分な教育が受けられない結果，学力等で遅れが生じている児童生徒に対して「修得主義」の名の下，義務教育での留年と飛び級制度のなどの導入に道を開くものといえます。

　この点すなわち義務教育での留年制度についても，喜多は賛意を表明し，次のように述べます。

　　≪年齢にかかわらない義務教育段階の普通教育制度原理は，年齢主義から課程主義への学校制度運用の原理の転換，例えば尾木直樹等が主張してきた通り，子どもの学ぶ権利行使（＝留年権行使）という見地からの「義務教育留年制度」の可能性を模索できるのではないか（喜多 2016：20）。≫

　また，今日飛び級は高校段階からすでに導入され，大学から大学院への飛び級は一定の広がりを見せていますが，この飛び級を義務教育段階まで広げようという意見は自民党関係者の中にも見られます。

　この流れは，ある面では，登校拒否の子の学び直し＝留年制度という側面を持ちながら，同時に，「学力エリート」を義務教育段階から選抜して行くという面が基本的側面であり，喜多らの主張は，この学力エリート選抜のために，義務教育段階から複線的学校制度を導入する路線に利用されかねないでしょう。

　これは，第1節で検討した，Society 5.0の教育への具体化政策で導入がねらわれており，近く中教審で答申される予定です。私たちは，厳しく注視する必要が

あります。

3 「支援」という名の「脅威」について

　法では，登校拒否の児童生徒に関する「支援」という言葉を多用しています。この言葉は，問題を語る際には大切で問題のない言葉のように聞こえます。しかし，当事者や関係者が指摘するように，文科省が実施してきたこれまでの支援のあり方から考えて，大きな問題を含んでいます。

　文科省『不登校への対応の在り方について（通知）』（2003年5月16日）も支援を強調していました。その内実は，たとえば，埼玉県では「不登校半減計画」などの「数値目標」の追求に自己目的化され，「三日休んだら家庭訪問」などの対応がマニュアル化される中で，「心のこもらない手紙や，会うことが強制される家庭訪問などが繰り返されて来た」，「よかれ」と思って「支援」の名の下に行なわれる対応が，時と場合によっては「脅威」となる可能性があります[註12]。

　また，法は，登校拒否の子どもの学習活動と心身の状況の継続的な把握のために教育支援シートの活用を重視しています。登校拒否の子どもが学校以外の場へ退避し，何とか生命を維持しようとしているときに，シートで管理し，当事者の知らない間にも警察を含む他者に情報を共有される恐れがあります。

　このような意味でも，法の示す支援のあり方は厳しく吟味されなくてはなりません。

　特に教育支援シートについては，次の三点が懸念されます。

　懸念の第一は，「いじめ防止対策推進法」以降の教育現場にもあったことですが，それでなくても超がつくほど多忙な教師の多忙化をますます促進するのではないかという点です。「第197回国会 参議院文教科学委員会」（2018年12月6日）で，民進党（当時）の神本美恵子議員が招聘した桜井智恵子は，教育基本法改変以降，10年で17条の教育振興基本計画に基づく，PDCAサイクルの「調査による実態把握が教育をブラック化させているのです」と述べています[註13]。

　この点，しっかりとした教師の増員とSC（スクールカウンセラー）あるいはSSW（スクールソーシャルワーカー）などの協力がないとこの懸念は現実のものとなる恐れがあると思います。

　特に，すでに学校現場で取り組まれている先進的な実践に学ぶのではなく，「情

報共有」を上から押しつける方法では，その結果は「労多くして害多し」となる可能性があることも指摘しておきます。

第二に，この教育支援シートは，客観的な資料の意味を持ちつつ，場合によっては登校拒否の子どもをフリースクール等へ紹介する＝厄介払いする機能を果たす危険性を持たないかという懸念です。

現実的には，登校拒否の子どもをクラスに抱えた教師は，周りから理解されない場合は特別な目で見られる可能性があります。また，その子どもの教育支援シートの作成や家庭訪問などに時間を取られ疲労も積み重なります。

そのような状況の中で，教師がフリースクール等や教育支援センターを紹介し，クラスからいなくなればよいと思わない保障はありません。

第三に，この教育支援シートは，関係者間で情報を共有すると謳われ，その中には横の情報共有として，警察も含まれているという点に関わる懸念です。確かに，文科省『不登校児童生徒への支援に関する最終報告』（2016年7月）でも指摘するように，「非行・遊び型」の登校拒否の子どもも存在するかもしれません。しかし，たとえ，そのように類型化できる登校拒否の子どもが存在するとしても，万が一，情報が警察に知らされていることを登校拒否の子どもやその保護者が知ったとき，どのような感情を抱くかを考えるならば，警察に知らせるべきかどうかなどは相当慎重に考えられるべきだと思います。

なお「第192回国会　衆議院文部科学委員会」（2016年11月18日）で，日本共産党の畑野君枝議員から指摘された，全国の地方自治体における数値目標に基づく登校拒否の数減らしは，百害あって一利なしなので直ちにやめるように文科省も指導してほしいと思います。

また，教育支援センターの整備について検討したいと思います。文科省の調査等によると，全国の自治体で教育支援センターが設置されている自治体は約60%，人数にして約2万人弱となります。フリースクール等に通っている子どもが約4千人ですから，合計しても約2万4千人弱にしかなりません。「長期欠席」の子どもの数が約32万人も存在するのですから，あまりにも少なすぎます。

この教育支援センターについて前述の『最終報告』では，

　　≪これまでの教育支援センターは不登校児童生徒のうち，通所希望者への支援が中心であったが，不登校児童生徒への支援に関する知見や技能が豊富であ

ることから，今後は，通所を希望しない不登校児童生徒に対しての訪問支援や，地域の人材を活用した訪問型支援を実施することや，「児童生徒理解・教育支援シート」のコンサルテーションを担当するなど，不登校児童生徒の支援の中核となることが期待される（文科省 2016：16）。≫

と述べ，教育支援センターが今後の登校拒否支援策の中核になることが謳われています。

さて，この教育支援センターについては，従来から，保護者のあいだで旧名が「適応指導教室」であったこと，あるいは担い手として元校長など教師経験者が多いということなどもあり，「学校復帰」を前提としたものであるという批判がありました。確かに，文科省の『不登校児童生徒への支援の在り方について（通知）』（2016年9月14日）でも，「学校への復帰を前提とし，かつ，不登校児童生徒の自立を助ける」ことが目的として重視されています。また，確かに教育支援センターの三つの目的のうち一つに学校復帰を掲げる教育支援センターは約8割も存在するそうです。

しかし，ある調査研究によると[註14]現在の「適応指導教室」職員の支援目標は，「心の居場所」が52％で最多，次いで「心の居場所から学校復帰」が27％，「学校復帰」を目的とするものは，わずか9％という調査結果が出ています。

文科省も，まず，第一に，この調査結果に学びつつ，教育支援センターの目標を学校復帰に特化するのではなく，登校拒否の子どもが，まず，落ち着いてゆったりとしていられる中で「自己肯定感」あるいは「心身の統一感」を回復できる「心の居場所」として位置づけることが求められるでしょう。

第二に，教育支援センターの1施設あたりの常勤職員は平均0.8人程度であり，常勤職員が配置されていない施設も存在するといいます。このような劣悪な状況を改善するためには，思い切った予算の手当と職員の養成計画が必要です。

第三に，特に教育支援センターの設置が少ない町村において，教育支援センターに通いやすい施設をどう確保するか，などの課題もあるように思われます。

4　教育の市場化・民営化の危険性

法の第十条では次のように記載されています。

　≪国及び地方公共団体は，不登校児童生徒に対しその実態に配慮して特別に

編成された教育課程に基づく教育を行う学校の整備及び当該教育を行う学校における教育の充実のために必要な措置を講ずるよう努めるものとする（文科省2016）。≫

さらに，この条文について，附帯決議六には次のように記載されています。

　≪本法第十条に定める不登校特例校の整備に当たっては，営利を目的とする団体による設置・管理には慎重を期すこととし，過度に営利を目的として教育水準の低下を招くおそれがある場合には，これを認めないこと（同上）。≫

今日まで，「不登校特例校」は「東京シューレ葛飾中学校」はじめ全国に12校設置されています。この，不登校特例校をさらに設置していこうというのが，法の十条のねらいです。

今日，塾などの民間産業は，少子化の時代において，全国に約32万人存在する長期欠席の児童生徒を市場の対象としてねらっていると考えられます。そのような中で，附帯決議が指摘するように，営利団体・企業が，この不登校特例校に参入する危険性が存在するでしょう。附帯決議では，「過度に営利を目的として…」とありますが，何を持って「過度」とするかなど厳しい監視が必要です。

なお，文科省の『不登校児童生徒への支援の在り方について（通知）』（2016年9月14日）の「義務教育段階の不登校児童生徒が学校外の公的機関や民間施設において相談・指導を受けている場合の指導要録上の出欠の取扱いについて」の中にある「民間施設についてのガイドライン（試案）」第二項「事業運営の在り方と透明性の確保について」の第二号では「著しく営利本位でなく，入会金，授業料（月額・年額等），入寮費（月額・年額等）等が明確にされ，保護者等に情報提供がなされていること。」となっています。

この文章は，「戸塚ヨットスクール」などの事件を反省して述べられていると考えられますが，ここでも何を持って「著しく営利本位でない」とするのかが厳しく問われなくてはなりません。

また，本章第1節でも検討したように，Society 5.0の教育版であるEdTechが実行される中では，この教育の市場化・民営化の危険性はかなり大きいと思います。

5 「休養の必要性」について

先に述べたように，登校拒否の児童生徒だけでなく，忙しい日々を送りながら

とりあえず学校に行っている多くの児童生徒にとって，休養はとりわけ必要なことです。休養を十分にとる中で，人間的な生きる力が自然と湧いてきます。この「休養の必要性」は全ての児童生徒にとって大切なことなのですが，教育機会確保法では，学校以外の場（フリースクール等）で「多様で適切な学習活動」を行なう場合，「個々の不登校児童生徒の休養の必要性を踏まえ，当該不登校児童生徒の状況に応じた学習活動が行われることとなるように」しなければならないと第十三条で出てくるだけです。

　休養の必要性は，決してフリースクール等に通っている児童生徒のみに必要なものではないし，ましてや，学習活動への参加を前提とした休養の必要性などでもありません。休養を十二分にとった後には，児童生徒ならば誰でも自らの意思で自主的に仲間を求めて活動し，自らに必要な学習などを始めるからです。

　喜多は，この第十三条こそ，教育機会確保法の肝だとして，≪不登校児童生徒が学校以外の場において行う多様で適切な学習活動の重要性に鑑み…（中略）…当該不登校児童生徒の状況に応じた学習活動が行われることとなるよう（喜多 2017：153）≫にすることを高く評価しています。

　しかし，この点は，福嶋尚子の指摘するように，≪同法のいう「休養」は，…。より過酷な学校的な学びが求められる学校外の空間で，休んだらまた国から求められる人材となるために学び続けることを強いられる，一時的な「休養」(福嶋 2019：89）≫であることを忘れてはならないでしょう。

6　登校拒否の児童生徒が増え続けているその原因に踏み込んでいない点について

　これまでの文科省の答申，報告，施策などもそうですが，様々な検討の結果は「なぜ登校拒否の児童生徒が増え続けているのか」という原因の究明に全く踏み込んできませんでした。そこに踏み込むと，これまでと現在の教育政策に対する批判的な検討が必要になり，それに基づく児童生徒の諸問題を解決するための教育政策，あるいは登校拒否への対応が必要になってくるからです。

　先にあげた，国連の子どもの権利委員会『第3回総括所見』(2010年6月20日）では≪高度に競争的な学校環境が就学年齢層の子どものいじめ，精神障害，不登校，中途退学および自殺を助長している可能性があることも，懸念する(国連 2010）≫とはっきり述べています。

登校拒否の児童生徒数が増加し続けている原因の一つとして，日本の「全国一斉学力テスト」をめぐる過度な競争があることは，日本ばかりではなく世界中の教育の専門家が認める共通認識だといっても過言ではありません。

法にもこの点への踏み込みと反省は全く見られません。その反省の欠如こそがこの法の最大の問題点だということができるでしょう。

第4節　馳座長試案の特徴と問題点

教育機会確保法に賛成する「フリースクール全国ネットワーク」および「多様な学び保障法を実現する会」は，本法を足がかりに，本法の前身である『馳座長試案』に戻ることを目指しています。

そこで，本章では，馳座長試案の目玉＝特徴である個別学習計画を検討し，上で述べた二つの団体が目指す学校外教育の普通教育としての公認（＝学校制度の複線化の承認）の二つの問題について検討します。

1　「個別学習計画」の特徴とその批判的検討

個別学習計画とは，次の三つの特徴と問題点を持っています。

第一に，登校拒否の児童生徒の保護者は，≪学習活動に関する計画（以下「個別学習計画」という。）を作成し，その居住地の市町村（特別区を含む。以下同じ。）の教育委員会に提出して，その個別学習計画が適当である旨の認定を受けることができる（フリースクール等議員連盟総会 2015：第十二条第一項）。≫この「個別学習計画」は，様々な事項を記載し（第十二条第二項），「学校教育法第二十一条各号に掲げる目標を踏まえ」立てられなければなりません（第十二条第三項第四号）。また，その個別学習計画が適当かどうかを教育委員会によって審査され，適当でないときは教育委員会によって勧告等を受け（第十五条第一項），適当でないときは，認定を取り消されます（第十五条第二項）。

以上に見たように，個別学習計画というものは，それでなくても「二重の苦しみ」[註15)]に喘いでいる登校拒否の児童生徒に対して，さらなる学習圧力を加え塗炭の苦しみを与えるものです。

第二に，馳座長試案は，第十七条で，第十二条第一項により地教委より認定

を受けている保護者は，学校教育法第十七条第一項または第二項の義務，すなわち保護者の就学義務を履行しているとみなされたことです。これは，馳座長の用語では，「みなし就学義務」ないし「みなし個別学習計画」といいます。

　この点から，学校外教育組織も個別学習計画の地教委による認定によって，いわば学校に準ずるものとして認定されることになっていたのです。

　馳は，奥地との対談で，≪「みなし個別学習計画」があれば，基本的には学校で学んだと同等の教育環境が整備されていると考えられます。…それを法律で担保できれば憲法八十九条もクリアできるはずだと思いました。その時の経済的支援のあり方については，下村さん（下村博文元文科大臣：引用者註）は例えばバウチャーでいいんじゃないかと（馳 2017:60）≫述べています。

　ここで，本章第2節1項でふれた，経済界の教育政策で「バウチャー制度の導入」がさかんに強調されていた点が思い出されます。

　第三に，馳座長試案では，第十条で個別学習計画に基づいた学習をしていない登校拒否児童生徒についても「中学校を卒業した者と同等以上の学力の<u>修得</u>ができるよう（下線：引用者）」国と地方自治体が教材の提供などの学習支援をする努力義務も述べられています。

　福嶋は，この条項と第十八条の二つの条文から，登校拒否の児童生徒の≪学びを『学力の修得』度により価値づける構想を読み取ることができる。さらにはそれによって各家庭の個別学習計画の実施が就学義務の履行とみなされる仕組みは，就学義務の概念を年齢主義から修得主義へと転換させる重要な意味を持つ（福嶋 2019:59）≫としています。

　年齢主義から修得主義への転換は，先にふれたように，自民党の教育再生会議『第三次報告』（2007年12月25日）においても構想されていました。また，本章第1節でもふれたように，経済界も構想しています。

　谷口は，この点を「年齢主義から修得主義への見直し」は6・3制の改革とセットになっており，≪初等教育段階からの能力・適性に応じた教育の実現のための手段として，学校体系の弾力化・複線化が構想されていたのだと考える（谷口 2016:16）≫と述べています。

　したがって，馳座長試案のもう一つの特徴である学校制度の複線化および，公教育の実質的解体が，修得主義とセットになって構想されていたという点を押

さえておきたいと思います。

　年齢主義から修得主義への見直しは，喜多も賛成していますが[註16]，義務教育が修得主義になると，表向きは，本人の意思や保護者の意思が尊重されるとされながら，場合によっては，学力テストなどの結果により安易に児童生徒の留年が行われる危険性があります。

　そのことを，本章第1節でも検討したように，経済界ばかりではなく，政府もねらっています。

2　学校教育外組織公認論（＝義務教育制度の複線化）の問題点

　これまでふれてきたように，個別学習計画とバウチャー制度が密接な関係を持つものとして構想される中で，個別学習計画と修得主義（＝留年制度導入）が内的な関連を持っていることは明白です。また，修得主義の導入と学校制度の複線化もセットで構想されていたことも明らかとなりました。

　そうすると馳座長試案を足がかりにして構想されている，多様な学び保障法を実現する会などの目指す，学校教育外組織公認論＝義務教育制度の複線化論を，どう評価したらよいでしょうか。

　多様な学び保障法を実現する会の代表である，喜多は，前川喜平の講演[註17]をさらに発展させ，戦前の「第三次小学校令」に回帰しようと主張しています[註18]。この理論については，世取山洋介が懇切丁寧に根本的に批判しています[註19]。

　ここでは，本節1項でふれた個別学習計画を土台とする学校教育外組織公認論＝義務教育の複線化が何をもたらすか，論じたいと思います。

　第一に，土方由紀子が指摘しているように，東京シューレなどの比較的大きな規模のフリースクールは，公教育化に踏み切れるでしょうが，中小規模のフリースクールは，公教育化に踏み切れず，フリースクールの二極化が生じるだろうということです[註20]。また，公教育化に踏み切ったフリースクールも次第に，≪質保証や外部への説明責任といった，今日の学校教育がおかれているのと同じ社会的圧力のなかに（加藤 2018：46）≫置かれ，次第に管理も進んで行く可能性があるということです。

　第二に，現在進行している経済界の求める「グローバルエリート」育成に，公教育化に踏み切った学校教育外組織が利用される可能性があるという点です。

この点は，上述の東大先端科学技術センターと日本財団が実施している異才発掘プロジェクトROCKETがその典型です[註21]。

第三に，教育機会確保法の付帯決議も指摘しているように「過度に営利を目的」（付帯決議六）とした学校教育外組織がはびこらない保証はありません。

さらに，第四に，学校教育外組織に在籍する児童生徒の学力保証を名目とする学力テストが導入され，それが，既存の公教育への全教科の学力テスト導入の露払いになりかねないという点です。

以上から，全体として，馳座長試案の個別学習計画に基づく学校教育外組織公認＝公教育の複線化は，登校拒否の一定割合の児童生徒の「居場所」となっているフリースクールの変質につながりかねないばかりではなく，公教育の変質を促す起爆剤になりかねないことが明らかになったと思います。

第5節 ┃ 小括

本章第1節および第2節でふれたように，今日の日本社会では，Society 5.0なるものが，財界＝政府によって喧伝され，企業経営者を中心に，教育関係者も巻き込みながら，社会改革および教育改革として実行に移されています。

特に，教育面では，いわば「教育アベノミクス」といえるような，これまでのアベノミクスの大失敗を取り返すかのように，公教育の解体＝教育の市場化・民営化を急速に進め，教育のあり方を根本的に変えるとともに，教育や子どもを民間企業の儲けの対象に変えようとしています。

また，登校拒否問題との関連では，ごく一部の「異才」（ギフテッド）を「天才」と褒め称え，選抜し教育するとともに，家にいる登校拒否の子どもにまで，個別学習計画[註22]を提出させ，パソコン等を使った個別最適化された学びを強制しようとしています。

この動向は，第2章で紹介・検討した登校拒否当事者の願いとは真逆です。

このような流れの明確な姿は，今後の「中教審答申」でより明らかになるでしょう。私たちは，この答申を厳しく注視するとともに，このような公教育解体＝破壊ともいえる流れに国民世論を集め，抵抗していく必要があると思います。そして，公教育と登校拒否問題解決の具体的な対案を提示していく必要があると思い

ます。その具体的な対案等については，終章でふれたいと思います。

◆註

註1）浜矩子『どアホノミクスの断末魔』KADOKAWA，2017。

註2）経団連は，次のように日本の危機を煽っています。

　　　≪世界で最も劇的な変化が起きる可能性を秘めている国が，日本である。日本は，少子化・高齢化，低成長，研究力低下，財政悪化 など問題が山積し，未曾有の危機にある。しかし，翻ってみれば，日本は世界の変化を活かせる千載一遇の機会に恵まれているとも言える。今後，IoTの進展であらゆるモノがインターネットにつながる。モノやフィジカル空間の技術に強みを持ってきた日本企業は多く，そのフィジカルの技術の優位性を武器にすることができる（経団連『Society 5.0 ― ともに創造する未来 ―』2018年11月13日）。≫

註3）その全面的な批判は，友寄英隆『AI（人工知能）と資本主義 ― マルクス経済学ではこう考える ―』本の泉社，2019参照。

註4）同上，pp.96-97参照。

註5）同上，pp.97-98参照。

註6）今日，50歳まで結婚できない人は，男性はおよそ4人に1人，女性はおよそ7人に1人と増え続けています。その理由として一番多いのが，経済的理由です（明治安田生活福祉研究所，2014）。また，結婚しても子どもを2人以上持てない理由で一番多いのが，「子育てや教育にお金がかかりすぎる」ことです（国立社会保障・人口問題研究所，2017）。

註7）公教育の解体について，児美川孝一郎は公教育の「融解」（「産業界・財界の欲望が教育に持ち込まれる ― Society 5.0は何をもたらすのか」日本共産党中央委員会『前衛 2019年12月号』同会刊，2019，p.181），と言い，横井敏郎は，「溶解」（「『Society 5.0』に迫られる高校」教育科学研究会『教育 NO.886,2019年11月号』かもがわ出版，2019，p.10）と言っています。

註8）その詳しい紹介および批判は，拙論「登校拒否・不登校問題と教育機会確保法 ― 私たちにできることは何か」全国登校拒否・不登校問題研究会『登校拒否・不登校問題のこれからを考えよう』生活ジャーナル，2017参照。

註9）横井敏朗「教育機会確保法制定論議の構図 ― 学校を越える困難 ―」日本教育学会『教育学研究 第85巻第2号』同会刊，2018，p.55参照。

註10）「警報」については，高垣忠一郎『登校拒否を生きる「脱落」から「脱出」へ』新日本出版社，2014を，「シグナル（意見表明）」については，広木克行『子どもは「育ちなおし」の名人！見えますか，子どものシグナル』清風堂書店，2011を参照。

註11）文科省「小・中学校に通っていない義務教育段階の子供が通う民間の団体・施設に関する調査」（2015年8月5日）。

註12）高田美惠子「つながり・学び・発信する埼玉県連絡会の行政への働きかけ」教育科学研究会『教育No.772,2010年5月号』かもがわ出版，2010，p.21参照。

註13）全国登校拒否・不登校問題研究会『登校拒否・不登校問題のこれからを考えよう』生活ジャーナル，2017所収の桜井智恵子による発言参照。

註14）樋口くみこ「教育支援センター（適応指導教室）の「整備」政策をめぐる課題と展望」一橋大学〈教育と社会〉研究会『〈教育と社会〉研究 第26号』同会刊，2016，p.29参照。

註15）広木は，教育機会確保法案審議における参考人発言（日本共産党・吉良よし子議員招聘）

で次のように述べています。

　≪不登校の子どもは二重の苦しみを抱えます。二重というのは，一つは，不登校になる前に競争的で管理的な学校生活や人間関係のもつれなどを通して抱え込まされた根源的な苦悩です。もう一つは，不登校状態に陥った後，親や親族あるいは教員などが示す反応に追い詰められ，行くべき学校に行けないことで自己否定の感情を深めていく二次的な苦悩です。

　重要なのは，この二重の苦悩を抱えた子どもが陥る精神状態です。それは，自らの過去と現在と未来の深刻なる切断と表現できます。現在の自分から過去と未来を切断することで，崩れ落ちそうな現在の自分を守りつつ，辛うじて生きている状態と表現できます。

　この話をすると，不登校を経験した青年たちの多くが，自分が経験した苦しさの意味がよく分かると言ってくれます。そして，青年たちが取り戻す時間の順番は，まず現在，そして未来，そのずっと後に過去ということです（「第192回国会 参議院文教科学委員会」2016年12月6日）。≫

註16）喜多明人「不登校の子どもの支援と法案への合意形成の展望」教育と医学の会 編『教育と医学 2016年7月号（No.757）』慶應義塾大学出版会，2016参照。

註17）前川喜平「教育は人権保障の中核」フリースクール全国ネットワーク ほか編『教育機会確保法の誕生』東京シューレ出版，2017参照。

註18）喜多明人「普通教育機会確保法の成立基盤と存在理由 ── 前川喜平文部科学省事務次官の「学校外普通教育」法制復活論をふまえて」早稲田大学文学学術院教育学会『早稲田教育学研究 第9号』同会刊，2018。

註19）世取山洋介「『義務教育段階における普通教育に相当する教育の機会の確保等に関する法律』の再検討」全国登校拒否・不登校問題研究会『登校拒否・不登校問題のこれからを考えよう その2』生活ジャーナル，2018参照。

註20）土方由紀子「『不登校』言説の変遷に関する社会学的研究：子どもの「生きづらさ」への視点はどう変わったか」『奈良女子大学博士論文』2016，p.117参照。

註21）拙論「多様な教育機会確保法案についての一考察」東京電機大学総合文化研究編集委員会 編『東京電機大学総合文化研究 第13号』同会刊，2015，pp.71-80参照。

註22）奥地は『「普通教育機会確保法～3年で見直し」に向けて』（「不登校に関する調査研究協力者会議フリースクール等に関する検討会議合同会議（第19回）」2019年5月13日）で次のように「個別学習計画」の復活を要望しています。

　≪4. 学校外の学びの重要性が法第13条に明記されたが，親の就学義務を果たすために学校教育法上，学校外で実質学んでいても，フリースクールと学校の二重籍問題は解決しない。このための子ども・保護者の負担感はもちろん学校の負担感も大きいと思われ，学校外の学びを希望する子どもの親に対し，たとえば馳座長試案にあったような何らかの方策（ex. "個別学習計画"）が取れるよう，附則3に則って改定をのぞみたい。≫

第4章 登校拒否・ひきこもり問題の歴史と理論

はじめに

　登校拒否は，前史として戦後直後から「長期欠席」として社会的な問題になっていました。そして，1970年代半ば以降の増加期を経て，1990年代以降は激増期となりました。その後の高止まり期を経て，2010年代は戦後二度目の激増期となり，現在に至っています。

　そして，この間，ますます大きな社会的問題になるとともに対策も立てられてきました。

　ひきこもりは，1980年代後半の「登校拒否その後」の時期を経て，1990年代から徐々に認識され始めました。また，2000年代に入り本格的な社会問題として注目されるようになり，対策も立てられてきました。

　本章では，戦後の登校拒否・ひきこもり問題の歴史を追い，同時に理論を総括することを目的にしています。そして，その中で，今後明らかにすべき理論的な課題を明確にしていきたいと思います。

第1節 長期欠席から登校拒否へ ― 戦後直後から1980年代初め

1　敗戦直後から1966年までの「長期欠席」の実態

　敗戦後1947年に発足した新制中学校の就学率は当初から99%を越えていました。しかし，一方で大量の長期欠席者がいました。

1947年度においては，当時の文部省等の調査によると東京都と高知県を除いて，小学校ではおよそ40万人（出現率4.15％），中学校ではおよそ34万人（出現率7.68％）の合計74万人，東京都・高知県を含めると，ゆうに100万人を越える長期欠席児童生徒（年間30日以上学校を休んだ児童生徒）が存在したことになります[註1)]。

　この事態を受けて，文部省は本格的な長期欠席児童生徒の調査を1951年から始めますが（年間50日以上休んだ児童生徒），中学生だけで18万人もの長期欠席生徒がいました。これは，小学生を含めると40万人を越えていたと考えられます[註2)]（図4.1参照）。

　なぜ，このように大量の数の長期欠席児童生徒が存在したのでしょうか。文部省は，戦後の混乱期の「経済的窮乏」すなわち貧困の問題を理由としてあげていますが，もう一つ大きな理由として，「家族による人づくり」が学校教育とは異なる自立性を有していたこと，すなわち≪農業や漁業などの家業を営む家族には，学校よりも家の手伝いが大切，跡継ぎを一人前に育てるには早くから家業に従事させるほうが良いなどの家族独自の価値観と子育て方針のもとで，あえて子どもを欠席させる風習が残っていた（山田 2014：119）≫こともあげられると思います。

　また，ここで指摘しておきたいもう一つの点は，この時期の長期欠席の主な理由は「学校ぎらい」，「家庭の貧困」，「疾病異常」，「家庭の無理解」，「その他」の五つのカテゴリーに分類されていましたが，この中で「学校ぎらい」と「疾病異常」の割合がどんどん増えていく点です。

　たとえば，東京都の場合「学校ぎらい」の割合は，1952年は約11％だったものが，1965年には約41％へと大幅に増えています。また，「疾病異常」の割合も1952年は約20％だったものが，1966年には約41％へと倍増しています[註3)]。

　以上の事実から，私はここでは二点指摘しておきたいと思います。まず，第一に指摘したい点は，1950年前後に40〜100万人も存在した長期欠席児童生徒が，1970年代の半ばには約5万人に急減しました。そこには，日本の経済的復興，そして高度経済成長の影響もあったでしょう。しかし，同時に加藤美帆が指摘するように，今日の「数値目標」による登校拒否の数減らし競争を上回る，全国の自治体間での数減らし競争があったことです。

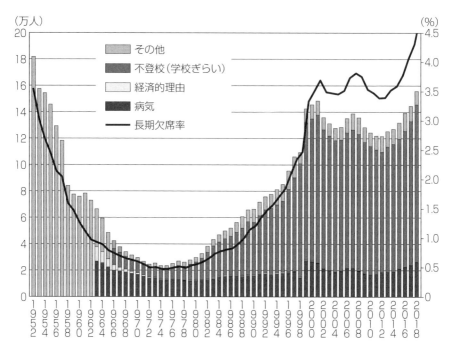

図4.1 戦後日本中学校での長期欠席率と理由別の数（1952〜2018年）

注1）1952〜1958年は文部省「公立小学校・中学校長期欠席児童生徒調査」の中学校の結果から。

注2）1959〜1962年は文部省「学校基本調査」の長期欠席者数の中学校の結果から。

注3）1963〜1965年は文部省「学校基本調査」の「理由別長期欠席者数」中学校の結果。理由は「病気」「経済的理由」「その他」の3項目。

注4）1966年からは，理由に「学校ぎらい」が加わって4項目に。1998年以降は理由「学校ぎらい」が「不登校」に名称変更。

注5）1952〜1998年は年間「50日以上」，1999年からは「年間30日以上」と，長期欠席日数基準が変わっている。

注6）1952〜1962年のデータは「理由別」の区別がないので，上図では「その他」と同じ表示で示されている。

注7）「経済的理由」はデータのある1963年で約1万人，以後減少し，現在は100人未満。逆に1952年では12万人（6割強）がこれに分類できる（ただし1952〜1958年調査の「長期欠席理由」は独自に詳細で，かつ中途変更もあるので，図には表示できていない。

＊久冨善之「教育社会学と教育実践との出会い ― 教育の社会性と実践性との関連を追及して」教育科学研究会 編『戦後日本の教育と教育学』かもがわ出版，2014を加筆修正したもの

この点について，加藤は次のように述べています。

　《調査報告書では欠席日数ごとの欠席者の人数の段階的な集計が都道府県間で詳細に比較されていた。図やグラフを用いながら長期欠席者の多寡や，前年度からの減少率などが都道府県で比較されており，ここからは調査の実施と公表によって，長期欠席者への就学督促で自治体間の競争が煽られていた状況も示唆される（加藤 2012:90）。》

　第二に指摘したい点は，長期欠席者の中で「学校ぎらい」が増え続ける中で，文部省は1966年から長期欠席の調査を「学校ぎらい」として始めます。私は，ここで「学校ぎらい」という言葉＝まなざしに注目したいと思います。

　この点について，やはり加藤は次のように述べています。

　《「学校ぎらい」というまなざしの出現は，戦後教育の理念の転換のなかで，学校に全ての子どもを取り込んだうえで，能力による序列化を行うという，全体化と個別化の複合した新たな統制の形であったといえるのである（同上:129）。》

　すなわち，後ほどふれますが「学校に行かない，行けない」子どもたちが，1970年代半ばから徐々に増える中で，その子どもたちの心と身体の訴えに学ぶのではなく，そのような子どもを既存の公教育＝学校を単に嫌っているけしからん子と決め付け，排除するまなざしがこの「学校ぎらい」という言葉だと思います。

2　「学校に行かない・行けない子」の定義の変遷

　この時期，特にアメリカや日本において，学校に行かない・行けない子をめぐる言葉は変遷します。竹内常一や稲村博，朝倉景樹，貴戸理恵など，この変遷を整理した日本の研究者に学び，この時期の言葉の整理を行いたいと思います。

　まず，アメリカでは，1930年代頃からブロードウィンやパートリッジが学校に行かない・行けない子を「怠学（truancy）」と名付けます。どうも，学校に行かない・行けない子は，単に怠けていると見えたのでしょう。そして，1940年代に入り，ジョンソンらが初めて「学校恐怖症（school phobia）」の用語を使います。この学校恐怖症は，子どもが学校に行こうとすると，学校に対する恐れから，教師あるいは他生徒に対する恐れ，および学習などで失敗するのではないかという恐れへと発展し，学校に行けなくなる状況を表した言葉です[註4]。

日本では，1950年代後半以降，主に精神科医を中心に，ジョンソンらの意見を輸入し≪母子分離不安を伴う不安神経症の一種として学校恐怖症の語を広めて（貴戸 2004：42）≫いきます。しかし，≪次第にわが国では母子分離不安よりも勉学等の学校状況，その他が重要とみられる事例の多いことに気づかされ，また恐怖症という用語の与える親や教師への影響などもあって，この用語の使用に疑問が持たれ始め（稲村 1994：4）≫，しだいに「登校拒否（school refusal）」の言葉の使用が一般化していきます。

　その後，1990年代初めまで日本の主な研究者，専門家，マスコミなどでは，この登校拒否という言葉を，学校に行かない・行けない子を指す言葉として使用します。

　この時期を，朝倉は三期に整理しています。朝倉の整理を紹介しましょう。

　第一期は，主に精神科医らが学会に発表することにより始まる新しい児童精神医学の問題としての「登校拒否問題」提起の時期です[註5]。

　この時期は，1950年代末から1960年代半ばで，登校拒否は分裂病の初期症状や適応障害の一種である「病理＝病気」であるから，登校拒否は医学的治療の対象であるととらえられていました。また，このような病理＝病気は，遠因として≪その子の性格的なもの，ゆがんだ家庭環境などがいりまじったものが多い（ある病院長の発言『朝日新聞』1956年6月11日）≫として，登校拒否＝本人の性格，親の育て方にも遠因があるという，後にふれる1983年の文部省の見解と同様の原因説をとっていました。

　第二期は，1970年頃から本格的に始まる，児童精神科等以外の心理学者，文部省・厚生省などの行政，非専門家などの様々な論議・実践が出てきた時期です。

　この時期，登校拒否についてふれた文部省の『生徒指導資料』が，1974年，1976年，1980年，1981年，1983年の計五冊出されますが，その内容は，1983年の『生徒指導資料』をもとに本章第2節で詳しくふれます。

　また，この時期は第一期で主流であった，病院や大学等での児童精神科医や心理学者のカウンセリングに加えて，体育学者などによる早期の学校復帰を目的とする「キャンプ療法」なども行われます。

　さらに，この時期において特筆すべきは，「戸塚ヨットスクール」が，1977年に開校して，しばしば暴力を使う「スパルタ教育」による登校拒否の「矯正」に

より死者まで出た事件があったということです^{註6)}。

　第三期は，1980年代半ば以降です。この時期についても本章第2節で詳しくふれますが，1984年に「登校拒否を考える会」（東京），1986年に「登校拒否を克服する会」（大阪）が結成された時期です。前者は，学校以外の居場所（東京シューレの結成は1985年6月）につながります。その運動に影響を与えた理論家は渡辺位です（渡辺の理論の批判的検討は，本章第2節で行います）。後者は，その後1995年の「登校拒否・不登校問題全国連絡会」結成につながります。その運動に影響を与えた理論家には高垣忠一郎らがいます。

　朝倉が三期に分けた登校拒否の時期も，その理論や実践・運動の変化とともに，登校拒否になる子どもの層も変化します。

　図4.1にも見られるように，1970年代半ばから登校拒否も少しずつ増加しますが，その層も変化します。それまでの，どちらかというと比較的経済的に恵まれた中流階層の子どもたちの「よい子」の登校拒否から，

　　≪急激に低所得階層の家族にひろがりはじめ，非行・低学力による怠学とむすびつきはじめたのではないか…（中略）…これまで『学校』というものに呑みこまれることの少なかった低所得層の子どもと家族が，学力・忠誠競争を強いてくる『学校』にもろに呑みこまれるようになり，このために，中流の教育家族の子どもたちと同じように，登校拒否に巻き込まれるようになったということである。しかし，『学校』はかれらを競争にまきこみながらも，かれらを早期にそれから排除するために，かれらも登校拒否という形で，『学校』から離脱・離反しはじめたのだ（竹内　1987:100-101）≫とも言えます。

第2節	登校拒否急増の時代およびひきこもり問題の登場 — 1980年代から1990年代初頭

　第1節でふれたように，学校に行かない・行けない子どもは戦後研究者らの間では怠学，学校恐怖症などと呼ばれた後，1970年頃から登校拒否と呼ばれるようになります。また，文部省などの行政側は，統計的には最初は「長期欠席」として統計を取り始めますが，1966年からは「学校ぎらい」として統計を取り始めます（1998年まで。それ以降は「不登校」）。ここでは，登校拒否が急増するとともに，一般的に登校拒否の時代と言われた1980年代から1990年代初頭に焦点を

当て，この時期に言われていた登校拒否の意味と，当時言われ始めた「無気力化した若者」の実態について明らかにしたいと思います。

1 「生徒の健全育成をめぐる諸問題：登校拒否問題を中心に」（1983年）について

　まず，第一にふれたいのは，政策側の登校拒否のとらえ方です。これについては，かつての文部省の『生徒の健全育成をめぐる諸問題 登校拒否問題を中心に（生徒指導資料 第18集）』（1983年12月）を読めばよくわかります。

　この生徒指導資料作成には，当時の筑波大学教授，内山喜久雄，同助教授，稲村らが関わっています。同資料によると，校内暴力などが児童生徒の反社会的行動なのに対し，登校拒否は非社会的行動としています。

　そして，≪登校拒否とは，主として何らかの心理的，情緒的な原因により，客観的に妥当な理由が見いだせないまま，児童生徒が登校しない，あるいはしたくともできない状態にあることとして幅広く理解することが妥当であろう（文部省 1983：9）≫と概念規定します。

　さらに，「登校拒否の原因や背景」として次のように述べます。

　≪登校拒否は様々な原因や背景が複雑に絡み合って起こるものである。一般的には生徒本人に登校拒否の下地とも言える登校拒否を起こしやすい性格傾向ができており，それが何らかのきっかけによって登校拒否の状態を招くものと考えられている（同上：22）。≫

　まず「1. 本人の性格傾向」として，≪「（1）不安傾向が強い」「（2）優柔不断である…決断力に乏しい。「つらさを乗り超える気持ちの不足」，「ひ弱さなどと表現されることもある。」「（3）適応性に欠ける」「（4）柔軟性に乏しい」「（5）社会的，情緒的に未成熟である」「（6）神経質な傾向が強い」（同上：22-23）≫と，子どもあるいは人間であれば誰でも少しは持っている性格傾向の一部をことさら一面的に強調します。

　次いで「2. 家庭」として，≪生徒の性格傾向には，一部には生得的傾向も関与するものの，家庭での養育態度，親の性格，家族関係などの家庭的要因が大きく影響していることは否定できない（同上：24）≫とし「（1）養育態度」として以下の諸点をあげています。

　≪「ア，過保護である」「イ，言いなりである…親が子供の言いなりになり，

子供の要求は何でもかなえてやるという養育態度である。」「ウ，過干渉である…親が子供を自分の思うように育てようとして，子供の行動に過度に干渉する養育態度である。」(同上：24-25)≫

この指摘では，明らかに「イ，言いなりである」と「ウ，過干渉である」は矛盾しています。

さらに，「(2)養育者の性格傾向」として，父親と母親について次のように述べています。

≪ア，父親…父親が社会性に乏しく，無口で内向的であり，男らしさや積極性に欠け，自信欠如であると言った場合には，子供の成長過程でモデルとなるべき父親像を子供に示してやることができず，登校拒否の下地となりやすい。

また，子供に対して専制的であり，仕事中心で，あまり子供と接触がない場合にも，モデルとしての父親像が与えられないことが多い。

イ，母親…母親が不安傾向を持ち，自信欠如，情緒未成熟，依存的，内気であると言った場合には，一般に子供に対する態度が過保護なものとなりやすい。このような性格傾向と過保護的養育態度の結合は，登校拒否の重要な背景の一つと考えられる(同上：26)。≫

以上のように，登校拒否の原因を基本的にもっぱら本人の性格・資質と，その子どもを育てた親の資質の責任に帰する登校拒否観は，確かに当時の一部の政策側に属する研究者の間では共有されていたかもしれません。あるいは，社会的な論調の主流を占めていたかもしれません。しかしながら，このような考え方は，学校に行けなくて，もがき苦しんでいる子や親をますます苦しめ，ときには，絶望の縁から突き落とす役割を果たしてしまったのです。現実に，文部省のこの資料の発表に前後して，私が調べただけでも登校拒否を苦にした親子心中が4件起きます。

2　渡辺位の登校拒否論の批判的検討

この時期の登校拒否論で注目されている論者の一人に，児童精神科医の渡辺がいます。渡辺は，後にふれるように，朝倉や滝川一廣らに影響を与えるとともに，登校拒否の子の居場所となる東京シューレの設立者である奥地圭子にも多大な影響を与えます。

渡辺の主張を見てみましょう。

≪教育は本来個人の尊厳と自由の保障のために行なわれるのが基本だが，高度経済成長以降，教科内容は知育中心に増進・高度化され，学力が偏重される結果となった。

一方，こうした学校状況にあるにもかかわらず，子供を持つ家族は，社会通念化した高学歴志向の潮流に巻き込まれ…（中略）…ただひたすら形式的通学・進学に執着し，受験競争を激化させ，子供を，その一人一人の意思や意欲に関わらずあたかもベルトコンベアーの工業製品のごとく，何の疑問を持つこともなく，上級学校へと追い込んでいるのである。

以上のような点から不登校という現象を見ると，自己喪失の危機にさらされる学校状況から自己を防御するための回避行動であるといえよう。そして例えそれが無意識的な発現であるとしても，早期に危機を察知できる直感力はむしろ高く評価すべきである（渡辺 1989:54-55）。≫

また，別の著書では次のように述べます。

≪それは子どもの直観にもとづく本能的な行為なんです。ゆがんだ学校の状況に対する防衛的な回避反応なんだと思います。

そういう行動を積極的にとれる子どもの方が未熟どころか，むしろ健全なんじゃないか。それだけ主体的行動をとっているわけでしょう。だから『不登校』ということばをつかいますが，それができる子は感受性が鋭いんですね（渡辺編 1983:14）。≫

登校拒否は，子どもが本能的にとる自己防衛反応であり，登校拒否をする子はそうでない子より健全で感受性が鋭いという主張は，奥地ら登校拒否の子を持ち悩み苦しむ親の救いの言葉となったようです[註7]。また，吉本隆明も≪感受性が強くて鋭い子どもほど学校が嫌になる（吉本 2006:68）。≫と全く同じ主張をしています。

このような渡辺の主張は，当時の社会運動の一つである「反精神医学」あるいは，学生運動で言えばかつての全共闘運動の主張と似ています。学校や大学の役割を国家の支配あるいは階級配分機構としてとらえるとともに，それに反逆する子どもや学生を美化する主張です。私には，このような主張が極めて一面的でうさんくさいものであることが，それこそ「直感的」に感じとれます。

しかしながら，そうでない論者も結構存在します。

　たとえば，滝川は《渡辺位さんのこの見解は，当時，強いインパクトを持ちました。…（中略）…渡辺さんの見解は，一言で言えば「病んでいるのは不登校になった子どもではない，不登校を生み出す学校教育なのだ」というものでした。…（中略）…「学校を休む意味」をはじめて（プラスとして）説いた理論だったともいえます。この理論は，自由教育的な考えを土台とした「フリースクール」が不登校の児童生徒に向けて創設されていく大きなよりどころとなります（滝川 2012：300-304）。》

この渡辺の論は，滝川の言うように東京シューレなどのフリースクール運動の理論的よりどころとなります。

そして，この渡辺の論を丁寧に追い，批判したものに竹内の論があります。それでは，竹内は，渡辺の論をどうとらえ，どう批判したのか見てみましょう。

竹内は次のように述べます。

　《渡辺のとらえ方は，たしかに今日の学校の「支配的性格」をとらえ，子どもの中にひろがっている強迫的登校という問題をえぐり出している。また，登校拒否は，強迫的登校の子どもが無意識ではあれ，自己を奪還する試みであるという説明は，そのメカニズムの一面を明らかにしているといえる。

　しかし，この説明は，強迫的登校傾向が今日の子どものほとんどに見られるのに，特定の子どもだけが登校拒否におちいるのはなぜなのかということをかならずしも明らかにしているとはいえない。かれによれば，特定の子どもがそうなるのは，早期に危機を察知する直感力から生ずる深層心理学的な自己防衛から生ずるというだけである。これでは，小澤が指摘しているように社会問題としての登校拒否問題が，ふたたび個人心理に返され，個人の資質と拒否能力の問題に還元されてしまっているといわざるを得ない。この説明は，登校拒否の子どもを学校体制に対する純粋な反逆者，ないしは反逆的エリートに仕立て上げる危険性さえ含んでいるようにも思われる（竹内 1987：128）。》

今日の学校は，支配機構の一環としての学校という側面と，そこに行けば仲間がいるという「学校仲間（school community）」のいる場所，すなわち「地下の学校」という側面の二重構造をなしていると思います。

　《こうした学校は，もはや渡辺がみるような単純な知育中心・画一的統制の

学校ではない。それは，小澤が指摘するように，まさに現代社会の政治的，経済的，文化的な状況そのものを体現している学校である。

　これが登校拒否の子どもがいう「学校に行かねばならない」というときの「学校」と，「学校に行きたい」というときの「学校」なのである。かれらは，まさにこの二つの「学校」に引き裂かれているために，登校することができないのである。そうだとしたら，不登校・登校拒否の子どもを指導する場合，この二つの「学校」を取り組みの視野にいれなければならないだろう（同上：134-5）。≫

登校拒否の子どもに対する指導の取り組みの場合，渡辺は，学校的なこだわりから子どもを解放して行く点に焦点を当てています。そして，端的に言えば「登校拒否・学校に行かないで生きる」ことを目指すわけです。

　それでは，単純に学校に行かない生き方をすれば，それで今日の社会でバラ色の夢を持って生きていけるのか，あるいは，多くの登校拒否が生まれてくる現実の学校は変えなくても良いのか，という素朴な問いが残ります。

　私には，学校を一面的あるいは単純にとらえているために，あるいは，学校に絶望しているためか，学校を内部から変えようという姿勢は渡辺には見られません（この姿勢は奥地の場合も全く同様です）。

　竹内は，最後に小澤勲の主張に学びながら，≪支配機構の一環である学校へのこだわりのために，子どもたち全体が不自由になっているのなら，学校を超えることなしに自由になれないはずである。そうであるなら，むしろそれに積極的に関わりながら自由になっていこうというものである。…（中略）…ここには，支配機構としての「学校」という現実に関わりつつ，それを超えていくたたかいをつづける以外に，強迫的登校と登校拒否から子どもを解放するような「学校」ないしは「教育空間」の発見はないだろうし，魂の中に根づいてしまった支配者から人間を解放するような社会の発見はないのではないかという思いがうずまいている。まさに，強迫的登校と登校拒否にたいする取り組みは，われわれにそうした課題をつきつけているのである（竹内 1987：139-140）。≫と述べます。

　私たちは，登校拒否の子どもの居場所やフリースクールを大切にしながらも，基本はやはりともに手を携えて，登校拒否が大量に生まれてくる現実の学校を変える取り組みを，多くの教職員，父母・国民と一緒に行う必要があると思います。

なお，渡辺，奥地らの以上のような，学校や登校拒否の子どもについての一面的なとらえ方について，斎藤環も同様に批判をしています[註8]。

3　稲村博の調査結果発表をめぐる動き

　1988年9月16日の『朝日新聞』夕刊の第一面に「30代まで尾を引く登校拒否症 早期完治しないと無気力症に 複数の療法が必要 カウンセリングのみは不十分 筑波大学助教授ら5千人の例で警告」という見出しがつけられた記事が出ました。

　この記事は，「登校拒否はきちんと治療しておかないと，20代，30代まで無気力症として尾を引く心配の強いことが，約5千人の治療に当たってきた稲村・筑波大学助教授（社会病理学）らの研究グループによってわかった」というものです。

　この記事は，当事者にとっては大変不安を煽るものでした。

　現在で言えば，以前の調査で約54万人（15歳〜39歳），最近の調査で約115万人（15歳〜64歳）とされる「ひきこもり」の，ある部分が登校拒否経験者で占められていることは事実としても，そのことが直ちに拡大解釈され「登校拒否の子どもはきちんと治療しておかないとひきこもりになる」と言われると，間違った不安をいたずらに煽るようなものです。

　ここでは，第一に，調査研究自体確かだったのかという問題，第二に，登校拒否を治療するという「登校拒否は病気である」という前提に立っていることの問題，そして，第三に，「警告」として当事者の不安をいたずらに煽る記事になっている問題など，何点か問題点を指摘できます。

　この新聞記事に対して，さっそく登校拒否を持つ親や有識者が抗議・問題点指摘の声をあげ，山下英三郎や遠藤豊らが異議を申し立てます。また，東京の「登校拒否を考える会」が中心になり，第一に『朝日新聞』への投稿と会見の申し入れ，第二に，誰でも参加できる緊急集会の開催を決めます。そして，緊急集会の方は，「登校拒否を考える会」が中心になって結成された「登校拒否を考える緊急集会実行委員会」が「登校拒否を考える緊急集会 えっ！『早期治療しないと無気力症に』だって？」を1988年11月12日に開催し，約800名が参加します。この緊急集会は，後に主催の名称を「登校拒否を考える市民連絡会」と変更し，「登校拒否を考える集会」を計3回開催しています。

これらの運動が一定の世論を変え，その後マスコミなどでは，登校拒否は病気であるという否定的なものは少なくなり，登校拒否は病気ではないとする記事が多くなりました[註9]。また，登校拒否が起こるのは，特に母親の育て方が原因であるとする見方に一定の変化が生まれました。

　また，次節で紹介・検討する，文部省の1992年の見解に変化を与える要因にもなったと考えられます。

　　しかし，この種の母親を中心とする運動，すなわち≪家庭の養育責任を学校批判に置き換えたのみの議論は，抑圧された母親/子どもの社会的位置を相対化することなく，逆説的に母親や家族を本質化する危険性を持っている…（中略）…一見した所『母親犯人論』を批判的に相対化しているようだが，その背後にあった性別役割規範や家族の閉鎖性を，より強めていく危険性があった（加藤 2012:190）。≫と言えると思います。

4 「登校拒否その後」としてのひきこもり問題の登場

　1970年代半ば以降増加し始めた登校拒否は，1980年代に入るとその増加のスピードを早めます。その背景には，久冨善之によって整理されたように学校における受験競争が「開かれた競争」から「閉じられた競争」へと変化したこと，あるいは学校におけるいじめや校内暴力の多発への対応として，校則の強化や体罰などの「競争と抑圧化」があったものと考えられます。そして，増加する「登校拒否その後」としてのひきこもりも徐々に問題になり始めます。

　すなわち，この当時の，政府による青少年問題の把握は次のようなものでした。

　まず，1989年6月，総務庁内に設置された諮問機関である青少年問題審議会は，『総合的な青少年対策の実現をめざして』と題する意見具申書を内閣総理大臣に提出しました。その文書で，「青少年問題」として従来の反社会的行動としての「非行」以外に「非社会的な行動の増加」として，登校拒否とひきこもり問題が次のように述べられていました。

　　≪昨年は，刑法犯少年が過去3番目に多い数を記録しており，非行はなお予断を許さない状況にある。

　　さらに，最近では，いじめや校内暴力は減少の傾向にあるとみられるが，思春期を中心として，ひきこもりや登校拒否などの増加という新たな問題が生じ

ており，憂慮すべき状況となっている…（中略）…また，最近では青少年の抱
えている問題の有無が一見して明瞭ではなくなってきているという面がある。
特に逃避的な問題行動については（ひきこもりや登校拒否か：引用者註），そ
れに陥る可能性を秘めた青少年が多くなってきているのではないかとの指摘
もあり，周囲のきめ細かな配慮や広範で総合的な対応が必要となってきている
（青少年問題審議会 1989:1-3）。》

　また，1990年代に入ると上でふれた問題状況がより鮮明になっていきます。
すなわち，総務庁『平成元年版 青少年白書 ─ 青少年問題の現状と対策』（1990年
1月）は次のように述べます。

　　《我が国の次代を担う青少年を健全に育成することは，国民的な課題である。
　　青少年をめぐる問題の状況を見ると，経済的な豊かさや生活の便利さの進
　展の中で，総じて，青少年に心の豊かさや精神的なたくましさといった点で
　欠ける面が生じてきていることが指摘されている。また，万引き等の初発型
　非行を中心に少年非行はなお高水準にあり，さらに，近年，引きこもりや登
　校拒否等の増加という新たな問題も生じてきている（総務庁青少年対策本部編
　1990:3）。》

　ここでは，先の青少年問題審議会の意見具申に対応する形で，青少年の問題行
動は，非行などの「反社会的問題行動」と「非社会的問題行動」に区分され，後者
の例として引きこもりや登校拒否などがあげられています。

　　《近年，引きこもりや無気力といった事例が増えつつあることが専門家から
　指摘されている。これらを厳密に定義することは難しいが，引きこもりは，例
　えば，一日中自室にこもったり，食事も自室に持ち込んで摂ったりするなど，
　家族以外の人間のみならず家族との接触までも最小限にしようとするものであ
　り，無気力は，例えば，学業や職業生活等への興味を失って，無為のままいつ
　までも日を過ごしてしまうものと言われ，大学生の場合，スチューデント・ア
　パシーとして注目されている（同上：27-28）。》

　以上，ここでは，登校拒否・ひきこもりなどの「非社会的問題行動」は，経済
的な豊かさが達成された後に訪れた「心の豊かさや精神的なたくましさ」の欠如
という文脈で語られており，2000年代初期から行政が強調する「自立」や「就労」
という問題設定はまだ現れてはいません[註10]。

次いで，1991年の青少年問題審議会『青少年の無気力，引きこもり等の問題動向への基本的な対応方策 ― 活力あふれる青少年の育成を目指して ―（答申）』を取り上げましょう。

　「はじめに」で青少年問題審議会は，1989年12月に内閣総理大臣より「いわゆる無気力や引きこもりの増加などにみられる今日の青少年問題の動向に対応するための基本的な方策について」の諮問を受けたとし，今日の青少年の問題行動の現状として次のように述べています。

　非行などの反社会的問題行動は相変わらず多いとした後，

　《一方，非行のように外向きに衝動化されるのではなく，社会生活への積極的な適応ができなかったり，その努力を避けたりする内向きの逃避的な形態の問題行動が増加している。…（中略）…

　総務庁が平成2年に全国444か所の青少年関係の相談機関を対象に行った調査においても，相談内容の約4割が登校拒否（不登校）等に関する相談で，他の相談内容に比べてとびぬけて多くなっている。

　登校拒否（不登校）には，無気力で何となく登校しないもの，登校の意志はあるが身体の不調を訴える等不安を中心とした情緒的な混乱によって登校しないもの，遊びや非行に結びついたものなど様々な態様のものが含まれるが，無気力型と言われるものが最も多い。…（中略）…

　無気力については，もともとステューデント・アパシーと言われるような大学生の無気力状態の事例について多く指摘されてきていたが，最近では，大学生だけでなく，より広範囲に現れる問題としてとらえられるようになってきている。…（中略）…近年，特にその程度の著しい社会生活への不適応，引きこもり等を示すものが問題となってきている（青少年問題審議会 1991:3）。》

　以上，青少年を「無気力」というキーワードでとらえ，特に登校拒否・ひきこもりを「非社会的問題行動」としてとらえていることがわかります。

　なお，非社会的問題行動については，次のように概念規定しています。

　《非社会的問題行動とは，無気力や引きこもり，孤立，摂食障害，自殺の企てなど，周囲の環境や社会生活になじむことができなくなったり，積極的に対応する努力が困難になったりすることをいう。登校拒否（不登校）についても非社会的な側面を有するものが多い（同上:4）。》

それでは，答申は，青少年の無気力の要因・背景についてどう把握しているのでしょうか。

　この点について答申は，経済的豊かさに伴う，「物質的な価値観」の影響や「大多数の国民が中流意識を持つようになった」社会的背景をあげた後，学校をめぐる問題として，

　≪今日の社会において，学力，学歴を重視する風潮の影響は，なお強いものがあり，これが，子どもたちに大きな圧力となっていることは否めない。…(中略)…また，受験競争の影響が，低年齢層にまで及んでいることは，重大な問題である（同上：7）。≫

としています。

　そして，改善策として，学校に関しては以下としています。

　≪これまで，とかく効率性を重視し，画一的との批判がある学校教育についても，一人一人の個性を尊重し，個人の多様な能力の伸長を目指すという観点から改善が図られる必要がある（同上：10）。≫

　以上，政策側は，登校拒否やひきこもりの増加に危機感を持ち，当時の青少年の状況を「無気力」というキーワードで分析し対応策を考えていることがわかります。しかし，青少年がなぜ無気力にならざるを得ないのか，なぜしらけたり，「三無主義」を装わざるを得ないのか，その問いの前で立ちすくみ，建前論の対応策しか考えていないように見えます。

　それは，政策側が，登校拒否やひきこもりを「問題行動」ととらえる，その基本的な姿勢に大きな原因があるとともに，登校拒否やひきこもりの当事者に寄り添いながら学ぼうとしない姿勢にも原因があると思います。

第3節	登校拒否の激増とひきこもり問題の社会問題化 ― 1990年代初頭以降

　1990年代は，登校拒否が激増するとともに，学校に行かない・行けない子どもをめぐる問題についても様々な論議が行なわれた時期です。また，そのことと関係しながら，ひきこもり問題も社会問題化するとともに，民間を中心に取り組みが始められた時期でもあります。

　この時期には，登校拒否問題について言えば，まず，第一に文部省の「長期欠

席」の調査が年間50日以上とともに，30日以上欠席した子どもについても始まりました。第二に，以下に詳しく検討しますが，文部省の「学校不適応対策調査研究協力者会議」が報告書を出し，本章第2節でふれた「登校拒否は，特定の問題を抱えた子どもが起こす」という見解をあらため，「登校拒否はどの児童生徒にも起こりうる」などと述べた『登校拒否（不登校）問題について — 児童生徒の「心の居場所」づくりを目指して —』を1992年に出しました。さらに，第三に，1998年から，登校拒否の理由別カテゴリーが「学校ぎらい」から「不登校」に変わり，その数も急に増えました[註11]。

　また，ひきこもり問題は「登校拒否その後」から，本格的に問題になり始めます。この問題は，同時に高校中退，大学中退の増加，およびフリーターなどの増加の問題と関係があります。

　そこで，本節では，登校拒否について先述の問題にふれるとともに，ひきこもりの問題化とも関わり，上記の問題を検討します。1990年代を代表する研究として，1991年に出版された森田洋司の『「不登校」現象の社会学』と，1995年に出版された朝倉の『登校拒否のエスノグラフィー』などを取り上げ，この時代の特徴を明らかにしたいと思います。

　また，ひきこもり問題については，1992年に最初の著書が富田富士也によって出版されるとともに，その富田のひきこもり支援の方法に批判的意識を持った工藤定次による著書が1997年に出版されます。

　そして，1998年に長年の臨床経験を踏まえた斎藤の著書も出版されます。ここでは，その三冊のひきこもりに関する著書を批判的に検討します。

1　登校拒否，高校中退，大学中退，およびフリーター，非正規雇用労働者の激増

a　登校拒否の激増

　この時期，登校拒否数は図4.1からもわかるように激増します。この背景には，前述したように学校における競争が「開かれた競争」から「閉じられた競争」へと移行し，ますます子どもたちの「競争と抑圧感」が強まって行ったことなどが考えられます。

　なお，この時期激増する登校拒否に対応する意味で，文部省に依頼された「学校不適応対策調査研究協力者会議」が『登校拒否（不登校）問題について — 児童

生徒の「心の居場所」づくりを目指して — 』(1992年3月)という報告書を出した
ことは，先にふれた通りです。

　それによると，事実上，1983年の見解を撤回し，登校拒否・不登校は「どの子
にも起こりうる」，そして，「見守る」ことの重要性を述べています。

　また，対策として「適応指導教室」を整備し，そこに通えば，通学日数にカウ
ントするとしたものです。

　しかし，この報告書を出した主体が「学校不適応対策調査研究協力者会議」あ
るいは，対策として出されたものが「適応指導教室」であることに明確なように，
あくまで登校拒否を生み出す学校は変えずに，登校拒否の子どもを既存の学校に
適応させるという姿勢が前面に出ていました。したがって，その後も登校拒否の
児童生徒は増え続けます。

b　高校中退率の増加

　この時期の高校中退率は，それまでの約2%（1993年）から，2.5%（1999年）
まで増加します。そして，一時は12万人を越えていました。その後，人数は減
り現在は6万人弱（率は約2%）程度です（内閣府 2019:116）。

　高校中退は1年生が大部分を占めますが，その1年生が，2年・3年生になって
もやはり中退する場合があり，その人数を合算すると，一つの学年での中退率は
約5%となります。

　また，高校中退は，学力差やそれへ影響を与えている経済力とも大きく関連し
ています。すなわち，高校中退は貧困層や「底辺校」に集中します[註12]。

　さて，高校中退後の進路はどうなっているでしょうか。

　中退後の進路は，第一に就職（56.2%），第二にほかの高校や大学への進学・編
入（定時制高校，通信制高校など）（30.8%），そして第三に，その他（13%前後）
などです[註13]。

　高校中退者のその後の進路の割合は大まかに以上のようなものですが，進学・
編入した中では，通信制高校は約50%，全日・定時制高校は約33%，大学および
専門学校は，合計約17%です。就職に続いて，通信制高校への入学が多いこ
とが注目されます。通信制高校生の数は1990年代後半以降増加しています。し
たがって，一定数は，中学校の登校拒否の生徒の受け皿として，あるいは高校

中退者の受け皿としての役割を果たしていると考えられます（1997年の卒業生16,000人→2013年の卒業生41,000人へと増加，在学生は，2013年には，公立75,000人，私立110,500人，計185,500人）註14）。

内閣府の調査『若者の生活に関する調査報告書』(2016年9月)では，ひきこもりの内，24.5％が「中退した」と答えていること，あるいは，同調査で15歳〜19歳でひきこもったと答えた青年が34.8％も存在することから考えても，高校中退からひきこもりへ移行する者が相当数存在すると考えられます。

c　大学中退者数の増加

この間，大学中退者数も増加します。1990年の約3万名から，2000年は約5万名，そして，2006年は6万名，2012年には8万名へと増加します。また，第1章の註7でも明らかなように，「偏差値別退学率」でも大きな違いがあります。たとえば，偏差値39の大学では，1年に17.2％の学生が中退しています。また，偏差値50〜54の大学では，6.8％の学生が同じく1年で中退しています。そうすると，前者の偏差値39の大学では，4年間に実に7割以上の学生が，後者の偏差値50〜54の大学では，4年間に3割近くの学生が中退している事になります。そして，その中から，一定の割合がひきこもりへと移行したと考えられます。

また，最近は退学理由として「経済的理由」をあげる割合が増えていることも指摘しておきたいと思います（2012年度約20％，2005年度比6.4ポイント増）。

それでは，大学中退後の進路はどうでしょうか。

正規雇用7.5％，非正規雇用70.9％，失業・無業15.0％となっています。大部分が非正規雇用に従事していますが，非正規雇用からひきこもりに移行する部分と，失業・無業からひきこもりに移行する部分が存在すると考えられます註15）。

d　フリーター，非正規労働者の大幅増加

この間，若年失業率が大幅に増加します。15歳〜19歳は，6.6％（1990年）→12.8％（2002年），20歳〜24歳は，3.7％→9.3％です。

また，この間フリーターという言葉に代表される非正規雇用・臨時雇用も急速に増加します。フリーターの数は，1992年の100万人から2002年の200万あまりへとおよそ2倍に増えました註16）。

また，非正規労働者は1990年の881万人（20.2％）から2018年の2,120万人（37.8％）へ，1,250万人近く大幅に増加しています[註17]。

　この背景には，1995年に日経連の『新時代の「日本的経営」』が出されたことにより，企業が正社員・正規雇用減らしを行ったことが影響していると考えられます。経済界の教育政策の歴史を見る上で，あるいは，1990年代半ば以降の「階層化された競争」の背景を理解する上では，1995年の日経連『新時代の「日本的経営」』は極めて重要です。

　『新時代の「日本的経営」』では，

　　≪年功的定期昇給制度を見直し，職能・業績を重視した職能昇給を志向するとともに，従来の定期昇給，ベースアップによる賃金決定を再検討すべき時期に来ている（日経連 1995：4）≫

とし，労働者を表4.1のように三種類に分け差別化しました。

　私は，当時これが現実のものになると大変な社会になると，相当な危機感を持ちましたが，現在，非正規雇用4割に見られるように現実のものになっています。

　　さらに，≪これからは，職能・業績をベースに，職務内容や職務階層に応じた複線型の賃金管理を導入するとともに，現在の昇給カーブについても見直しが求められている。そのためには，ある一定資格以上は，より成果・業績によって上下に格差が拡大する，いわばラッパ型の賃金管理を志向すべきである（同上：4-5）≫と述べています。

表4.1　新時代の「日本的経営」

	雇用形態	対象	賃金	賞与	退職金・年金	昇進・昇格	福祉施策
長期蓄積能力活用型グループ	期間の定めのない雇用契約	管理職・総合職・技能部門の基幹職	月給制か年俸制職能給昇給制度	定率＋業績スライド	ポイント制	役職昇進職能資格昇格	生涯総合施策
高度専門能力活用型グループ	有期雇用契約	専門部門（企画，営業，研究開発など）	年俸制業績給昇給なし	成果配分	なし	業績評価	生活援護施策
雇用柔軟型グループ	有期雇用契約	一般職技能部門販売部門	時間給制職務給昇給なし	定率	なし	上位職務への転換	生活援護施策

これ以降，経済界は，学校制度の複線化，バウチャー制度の導入，エンプロイアビリティーの強調（『生徒指導提要』の掲げる「自己指導能力」など，自分から進んで企業家になる能力の育成）や教育の市場化などを掲げます。この見解の延長線上に『教育機会確保法』および『馳座長試案』があります。

以上ふれてきたように，いじめ，登校拒否，高校中退，大学中退，若者失業率の大幅増加などが重なり，ひきこもりが増え続け，徐々に社会問題になっていったと考えられます。

2 森田洋司『「不登校」現象の社会学』(1991)の批判的検討

森田の『「不登校」現象の社会学』の研究上の特徴は，主に三点あります。

第一に，それ以前の時代では学校に行かない・行けない子どもを「登校拒否」という言葉で定義していましたが，その言葉の使い方を批判し，「不登校」という言葉を使うべきだと主張したことにあります。そして，第二に，調査結果に基づき，学校に行かない・行けない子のほかに潜在群，遅刻群など，普段から学校に行きたくないと思っている広範な「グレーゾーン」の存在を明らかにしたことです。さらに，第三に不登校の原因を，時代状況の変化の中で生まれた生活全体の「私事化 (privatization)」に求めている点です。

第一の点は，この頃からほかの研究者も登校拒否という言葉に代わって不登校という言葉を多用するようになったことと関係があるでしょうし，第二の点は，1992年の学校不適応対策調査研究協力者会議が「登校拒否はどの児童生徒にも起こりうる」と見解を変えたことと関連があるでしょう。そして，第三の点は，森田のいじめの原因論と通底する点であり根本的な批判が必要です。

まず，第一の言葉の定義について検討しましょう。

森田は，まず学校に行かない・行けない子どもを，研究者によっては「登校拒否」あるいは「不登校」という言葉を用いて定義し，行政機関でも文部省は「登校拒否」あるいは「学校ぎらい」，法務省は「不登校」という言葉を用いているように，統一されていないことを問題視します。

そして，≪あえて，「登校拒否」と「不登校」との両概念を併用するとすれば，「不登校」を「登校拒否」よりも広義の上位概念として位置づけ，精神疾患以外の多様な形態をも包括し，登校不能「状態」を指す用語として用いることが妥

当である。

　しかし，社会学の立場から，学校教育の問題として登校不能「状態」を分析する場合，両概念を併用することはなまじ混乱を来すだけでなく，「登校拒否」の概念を用いることによる弊害すら認められる（森田 1991:3)≫としています。なぜ「登校拒否」の概念を用いることに弊害があるかというと，

　≪この用語が日常生活に及ぼす負の烙印効果にも注意を向ける必要があるからである…（中略)…しばしば指摘されているように，『拒否』という言葉には，学校や登校することを拒否するという『反』学校的な響きがある。たしかに不登校の一部には，こうした『反』学校的な対立価値に基づく拒否行動もないではない。…（中略)…しかし，これらのタイプの不登校は，現象のごく一部にすぎず，すべての不登校の子ども達が学校教育の問題性を告発する動機に基づいて行動していると見なすことはできない（同上:4)。≫

そして，森田は「不登校」の概念を以下のように定義しています。

　≪不登校とは，生徒本人ないしこれを取り巻く人々が，欠席ならびに遅刻・早退などの行為に対して，妥当な理由に基づかない行為として動機を構成する現象である（同上:14-15)≫

この森田の定義は，第一に「不登校」を欠席だけでなく遅刻・早退なども含めかなり広くとらえている点と，第二に，それを認定する主体が，「生徒本人ないしこれを取り巻く人々」として，教師や親も含め周りが不登校が「妥当な理由」かどうかを認定するという点に特徴があります。

　森田の定義では，第一に，子どもたちが学校に行かない・行けない現象を学校のあり方を問い直す視点から見る立場は全く欠落しています。また，第二に不登校の妥当な理由を認定する主体を，生徒とともに「これを取り巻く人々」にまで広げ，場合によっては校長が認めなければ「不登校」として認定されないという事態も生みかねません。

　したがって，森田のこの定義は≪学校教育が担っている社会的な位置や役割自体を問うというラディカルさは回避されている（加藤 2012:54)≫と言えるでしょう。

「学校教育が担っている社会的な位置や役割自体」というのは，本書第2章でふれたように，学校が持つ「規律＝訓練」を通じて，今日の社会に適応する＝今

日の社会に都合の良い「人材」を育成する機関であるという点です。また、学校は広く知られているように家庭の文化資本等をもとに、社会の不平等を再生産する構造を持っているという点です。

　森田の定義や問題意識は、この二点について回避されています。森田が、この時期以来文部省＝文科省の「不登校問題調査研究協力者会議」の座長などに起用されている理由の一つがここにあるのかもしれません。

　第二に、森田が不登校の「グレーゾーン」を見出した点についてです。この点の意義は、統計上現れる不登校の背景に、広範な、学校に行きたくない層が存在することを明らかにしたことに求められるでしょう。

　しかし、学校に行きたくない層がなぜ学校に行くのか、その理由の究明にまで踏み込んでいないこと。学校に行かない・行けない子どもたちの階層構造には全く踏み込んでいないことなど、課題を残しています。

　最後に、森田が不登校が広がっている原因としてあげている、生活の「私事化」をどうとらえるかという点です。

　私事化について、森田は≪公的な関心や集団に関することよりも自分自身の私的な関心によって行動の基準を変えていく傾向が強くなること（森田 2008：1）≫と定義しています。そして、

　≪私事化の傾向が強くなれば、人々は公共善ではなく利益追求に向かうため、相互の連帯に弛緩が起こり、共同性に揺らぎが現れる。そのリスクヘッジを個人で引き受けなければならない状況が生まれる（ソーシャル・イクスクルージョン）…（中略）…私事化により社会的に孤立化した人々を、官民協働の上、再び社会の中へ包み込み、一人の社会人として自立させていく方策が必要である（ソーシャル・インクルージョン）。一方で、競争の原理を欠くこともできない以上、このバランスをいかに取るかが課題である（同上：1）≫と述べます。

　確かに、1990年代以降日本の新自由主義化の進行で、社会的競争が強まるとともに大企業を中心に利益追及の傾向が強まりました。そして、日本社会でも格差＝貧困の問題が社会問題になるとともに、「勝ち組」、「負け組」という言葉も生まれ、負け組になったのは「自己責任」であるという風潮も生まれました。

　このような社会状況をなぞった言葉が「私事化」という言葉でしょう。この私事化原因説は、1980年代から急増する登校拒否を後追い的に説明はできるものの、

単に現状をなぞるだけの政治的意味を脱色された言葉ではないかと思います。

　また，同時に，臨時教育審議会によって「個性重視の原則」が叫ばれ実践される中で，森田の研究は，不登校という言葉を使い，私事化が不登校を生む原因だとする立場をとるなど，子どもたちが苦しめられている学校・教育のラディカルな批判を避ける意味で，全体として当時の「教育改革」を下支えしたと言えると思います。

3　登校拒否はどの子にも起こりうる
―「学校不適応対策調査研究協力者会議」報告をめぐって

　1992年3月に，学校不適応対策調査研究協力者会議が『登校拒否（不登校）問題について ― 児童生徒の「心の居場所」づくりを目指して ―』（文部省初中教育局）を出します。

　この報告は，主に三つの特徴を持っていました。

　まず，第一に，登校拒否の原因を「特定の子どもの性格傾向」や，そういう子を育てた親の「養育責任」にあるという，1983年の『生徒の健全育成をめぐる諸問題 登校拒否問題を中心に』を事実上撤回し，「登校拒否はどの子にも起こりうる」として，原因は学校のあり方を含むものであるとした点です。また，登校拒否の子を「見守る」姿勢を打ち出しました。

　この転換は，子ども個人の資質や親の養育責任を問う原因観からの転換という意味を持ちましたが，同時に今日の学校教育が持つ本質的な支配構造には目を向けさせない効果も持ちました。

　第二に，「適応指導教室等の機関」に通い一定の条件を満たせば，指導要録上出席扱いとされた点です。この点の意味は，後ほどふれます。

　第三に，この報告を出した「学校不適応対策調査研究協力者会議」あるいは「適応指導教室」という名称にも顕著に表れているように，登校拒否の子は，学校に不適応で，学校に適応させること，すなわち「学校復帰」が原則である点です。

　この報告は，以上の特徴の整理でもわかるように一定の前進面とともに，本質的な問題点を持っていました。

　その点について，この報告に関わる横湯園子の以下の指摘が参考になります。

　≪学校生活への適応をはかるために「適応指導教室」が強調され，「適応指導

学級」を筆頭に具体例が細かく列挙されていて，子どもの心を無視し，休んでいる子どもが「問題」とされる構図に変わりはない…（中略）…このような事が平然と行なわれたら，子どもは地域ぐるみの監視と干渉をうけて追いつめられ息もつけなくなることは目に見えている。本報告の提起する方策は，かえって登校拒否を増加させる恐れのほうが大きいことが危惧される（民主教育研究所 1992:65）。≫

確かに，この報告の後1990年代に登校拒否は急増しました。横湯の指摘は的中したことになります。

また，ここで適応指導教室ばかりでなく，フリースクール等への出席も学校同様の出席として認められるようになったことをどう受け止めたらよいか，3人の論者の意見を紹介しておきましょう。

まず，東京シューレの活動に伴走し，『登校拒否のエスノグラフィー』を書いた朝倉は次のように述べます。

≪文部省が学校外の「民間施設」に対する扱いを変化させたことによって，かえって〈登校拒否〉をしている子どもが家にいづらくなってしまった。…（中略）…〈登校拒否〉をしている子たちは，「学校に行かないのなら，民間施設に行きなさい」という新たな圧力を受けるようになったのだ。その結果，〈登校拒否〉に対する考え方が自分の中で整理がつかず不安定な状態のままで親に押し出されるようなかたちで東京シューレにくる子どもが増えてきたのである（朝倉 1995:181-182）。≫

また，村澤和多里は，この時期登校拒否の子どもがフリースクールや通信制高校などに行くことは積極面を持ちつつも，他方，登校拒否問題を覆い隠す役割を果たしたと述べています[註18]。

さらに，伊藤茂樹は次のように整理しています。

≪このように不登校はフーコー的な意味での社会化と統制の方法における個別化テクノロジーの発達の結果と見ることができる。具体的には，子どもが語らされる「適応指導教室」がつくられているし，フリー・スクールへの通学を登校と認めるようなこともされている。不登校カテゴリーに位置づけられた子どもへのコントロールが着々と進められているのである。いわば，パノプティコン（一望監視システム）の脱学校化・社会的拡大が進展している（伊藤

2007：250）。》

　この時期の登校拒否問題に関わる議論に引きつけて言えば，以上の転換は，ある面で，学校の持つ管理主義や権威主義を批判する議論の矛先を弱める「効果」をもたらし，運動側には学校批判を弱めさせる「効果」をもたらしたのではないでしょうか。

4　朝倉景樹『登校拒否のエスノグラフィー』(1995)の批判的検討

　不登校現象を社会の私事化によって説明し，不登校のグレーゾーンを明らかにした森田の研究は一定の意味を持っていましたが，本質的には社会の変化をなぞりながら，教育改革に利用される側面を持っていました。それでは，登校拒否を問題とする状況を問うことを研究の中心にすえた（構築主義），朝倉の『登校拒否のエスノグラフィー』をどう評価したら良いでしょうか。

　朝倉は，《学齢期の子どもを学校へと囲い込んでゆく社会の構造（朝倉1995：201）》を，第一に，「学校恐怖症」，「怠学」からはじまり，登校拒否が児童精神科医や心理学者や専門家・教師らを中心に問題とされた時期を丁寧に追い「構築主義」の立場からそのプロセスと問題点を明らかにしています。また，第二に，朝倉自身がスタッフとして携わっている東京シューレの子どもたちの生活と意識から，学校に行かない・行けない「圧力」を感じる三つの層について分析し，彼ら・彼女らの中には登校拒否を選んだもの＝「選択」と意識する層が存在することを肯定的に書いています。

　　《この研究がそれまでの登校拒否研究と一線を画したのは，その問題性を所与とするのではなく，登校拒否を問題と見なす，学校中心の社会のあり方への異議申し立てを議論の中心としたこと（加藤 2012：49）》

　また，第3章でふれた学校中心の社会のあり方を批判する母親中心の運動を引き継いだ，東京シューレなどの中にいた朝倉の研究は，新しい社会運動の性質も持っていました。

　このような意義を持つ朝倉の研究は，同時に，以下のような課題を残しました。

　それは，第一に，学校に行かないことを「選択した」子どもたちは，その後，学歴がものをいう学歴社会への参加が困難になります。その点は，登校拒否を選択した子どもたちは，むしろ問題にしないかもしれませんが，現実に存在する学

歴社会を批判的に問えないという問題点を残すことになります。

　なお，貴戸は，この「登校拒否を選択した」という問題にこだわり，選択した結果は，「自己責任」で引き受けるという新自由主義の論理に絡め取られる危険性を持っていると批判します[註19]。

　また，第二に，朝倉の研究は「登校拒否」に至る言説史の批判的検討と，東京シューレの子どもたちの「エスノグラフィー」(行動観察，民族史という意味も持つ)であり，今日の学校が持つ社会的不平等配分機能を問わない研究であったという点です。

　今日の学校は，学校段階別あるいは学校別に強固な差別構造ができあがっており，それが，生涯賃金(高卒と大卒では，生涯賃金が約7,500万円違う)や社会的地位などを規定する側面は否定できません。このような側面を持つ学校から登校拒否の子どもたちは生み出されているのであり，今日の学校のあり方を問う構造を持たない研究は不十分であるという批判は免れないでしょう。

　さらに第三に，これは大部分の登校拒否問題研究にも言えることですが，朝倉の研究も，母親を中心とする新しい社会運動に活用されたという側面を持ちつつ，母親が中心的に登校拒否の子の問題で悩み，ほとんど母親のみが「親の会」などにも参加するという《ジェンダー化された構造に踏み込んで問うたならば，不登校を契機とする親の会による社会運動も異なる展開があった(同上:51)》と考えられるという点です。

　朝倉の理論は，登校拒否は本人の資質や親の育て方だという説に対する批判と，学校中心主義の社会への異議申し立てを行い，異なる道(東京シューレ)でも子どもたちは育ちうるという点を実証しようとした点は評価できますが，しかし，それは，当時から社会に普及した新自由主義の選択の論理と親中心主義の論理を正当化する側面も持っていたと言えるでしょう。

5　富田富士也『引きこもりからの旅立ち』(1992)の批判的検討

　富田は，1970年代から，千葉県松戸市に「まわりみちの会」をつくり，その代表として，《登校・就職拒否と関わって十数年になる(富田 1992:297)。》

　1990年に「ひきこもり」支援を開始し，千葉県松戸市に家族以外の居場所「フレンドスペース」を開所します。そして，1990年代以降，新聞等でひきこもり

について度々発言します。

　その富田が，我が国のひきこもり関係書籍としては最初に出版したのが，『引きこもりからの旅立ち 登校・就職拒否から「人間拒否」する子どもたちとの心の記録』です。

　そこで，富田は，ひきこもりを意識しだした経緯について次のように述べています。

　　≪「引きこもり」という言葉を私が意識しだしたのは，ここ五年くらい前からである。登校・就職拒否に悩む親子と関わって十数年になるが，最近その子どもたちを含めて，まるで「人間拒否」するかのように，人との関わりを長期に拒絶している若者と出会うことが多くなった。またこの所，中学生の中にもそのような傾向を示す子どもたちが増えている実感を私は持っていた。そんな一昨年の暮れ（1990年），厚生省が「ひきこもり・不登校児童福祉対策モデル事業」の予算化を大蔵省に折衝している記事を読んだ。そこで私は，初めて「引きこもり」が社会問題となっていることを認識した（同上：19）。≫

　それでは，富田にとってひきこもりとは，どのように定義＝意味付けられていたのでしょうか。その点，富田は次のように述べます。

　　≪引きこもりとは，学校，社会，知人，そして親からさえも逃避し，人間関係を拒絶することである。それは，他人との関わりやつきあいを苦手とする段階がさらに進み，怖いと感じるところまで追いつめられてしまったものである。しかし，欲求として人間を求めているわけで，そこで苦しむのだ（同上：28）。≫

　人間関係を求めるが，それができずに苦しむ矛盾，それは学校に行きたいが行けずに苦しむ矛盾を抱える登校拒否と，ある意味同じ苦しみ・矛盾であるとも言えます。

　また，富田は，ひきこもりはなぜ生み出されてくるのかについては次のように述べます。

　　≪私は，「引きこもり」という問題を現代社会が作り出した現象のひとつとして捉え，引きこもることで，やっと自己の存在を保つことができる子どもの胸中を察して，寄り添っていく必要があると思う（同上：41）。≫

　そして，富田は，「引きこもりからの旅立ち」のイメージを≪最終的には，人

と関わることに喜びを見出せる人間にしていくための環境づくりが必要である（同上：40）≫と述べ，基本的には，≪コミュニケーション不全（富田 2000：6）≫の問題改善をイメージしています。

　この点は，『新・引きこもりからの旅立ち　不登校「その後」・就職拒否に悩む親子との関わりの記録』において次のように明確に述べられています。

　　　≪「引きこもりからの旅立ち」とは，学校復帰したり，就職することではない。復学や就職が必ずしも「自立した」ということでもない。引きこもりからの自立とは，旅立ちとは「孤立しそうになったとき，人とのつながりをあきらめないで，関わる手がかりを得る力」である（同上：7）。≫

　なお，富田は，登校拒否・ひきこもりを，現代社会を根本から変革する「救世主」としてもとらえています。すなわち，次のように述べます。

　　　≪子どもたちはこの間，家族・学校のありさまを問い直し，その“体質改善”を登校拒否という行動で大人社会に迫った。…（中略）…（ひきこもる：引用者註）彼らこそ混沌とする現代社会の救世主かもしれないと私はここにきて思いはじめている（富田 1992：298-299）。≫

　しかし，このことは渡辺や奥地，吉本などのように登校拒否やひきこもる子どもおよび青年を美化することではありません。

　富田は，次のように登校拒否およびひきこもる子ども・若者美化論に対し釘をさします。

　　　≪その一方で集団の場になじめず孤立感を深め，悲しい形で人に近づき，殺めてしまう事件が連続したことで，安易に「引きこもり」と結びつけ，危機感をあおる風潮も，また現代社会の価値観へのアンチテーゼとして，極端に美化して，その抱える現実的苦しみを，突き放している発言も，垣間見る（富田 2000：4）。≫

　富田の実践や発言は社会的影響力も少なくありませんでしたが，工藤からは批判を受けます。それでは，次に工藤の文献についてふれます。

6　工藤定次『おーい，ひきこもり　そろそろ外へ出てみようぜ』（1997）の批判的検討

　1992年の学校不適応対策調査研究協力者会議の報告『登校拒否（不登校）問題

について ─ 児童生徒の「心の居場所」づくりを目指して ─ 』では，登校拒否は
どの子にも起こりうるものであるとし，「待つ」および「見守る」ことの重要性を
強調しました。

この「待つ」,「見守る」という姿勢と富田の実践に対し，公然と批判の矢を放っ
たのは工藤です。また，工藤は奥地らの実践・運動も批判します。ここでは，ま
ず工藤の富田への批判を見てみましょう。

工藤は，次のように富田を批判します。

≪現在，不登校の "ひきこもり" 現象が問題である，と千葉県松戸市のフレ
ンド・スペースの顧問である富田なる人物が主張しているが，それは全くの認
識不足。もともと二十数年前から "ひきこもり" は問題だったのだ。否，当時
は "ひきこもり" が不登校の実態そのものであったのだ。…（中略）…

それ故，タメ塾は，家庭訪問をし，子どもと直接会話をし，近所の人々の目
を気にし続ける子どもに，宿泊できる機関と，友と接する場を提供し続けたの
だ。フレンド・スペースへの通い，を基調とする "こもり" への対応は，ほと
んど現状を知らぬものの行為である（工藤 1997:7-8）。≫

工藤は，ひきこもりについて，≪家に閉じこもりきりで，家族または特定少
数の人間と接触できない，しようとしない児童生徒（大人）（同上:50）≫と定義
する。そして，≪富田くんは，この点を "心理状態" という曖昧な定義にしてい
るために "ひきこもり" の子どもたちに対する対応も曖昧になってしまうのだ（同
上:51）≫と批判します。

すなわち，この点は，後にふれる奥地への批判とも通じますが，確かに富田の
"フレンド・スペース"（あるいは，奥地のフリースクール）へ自分の足で通える
子どもおよび青年は，登校拒否・ひきこもりの子ども・青年のうちごくごくわず
かです。ですから，工藤は，

≪そもそも "ひきこもり" の子どもたちと本気で付き合おうとするならば，
…（中略）… "自らの足で通わなければならない" 空間で対応しようとはしない
はずである。何故ならば，"ひきこもり" の子どもたちは，家から物理的に外
に出られないのであるから，外に出して共に生きようとするならば，必然的に
共に生活する場が必要とされ，用意されていなければならない。これは誰が考
えても当然のことであり，極めて常識的なことなのだ。だが，富田くんは，そ

のようにはしていない。極めて，非常識なことだ（同上：51）≫と富田を批判します。

　また，工藤は奥地の「運動」を次のようにとらえ批判します。

　≪奥地圭子さんのフリースペース，フリースクール運動が起こったときに，おれは「こいつらは打ち捨てられていく」と思ったよ。家から外に出ていける人間の対応策だけが，主流となっていった。家から出られない，フリースペースに通えないやつは，どうなっちゃうんだろうと思ったね…(中略)…だから「待つ」とか「親が変化する」ということによって，ひきこもりという状況を脱却できるグループと，できないグループがいると思う（工藤・斎藤 2001：18-19）。≫

　それでは，工藤は「待つ」という行動の意味をどうとらえているのでしょうか。ひきこもりの子ども・若者は，一般的に自室等に留まり続け，昼夜逆転の生活を送り，ゲーム，パソコン，テレビやビデオ鑑賞，そして長時間睡眠で過ごす。

　≪逃避行動に入った子どもは，いたずらに時を費やすだけ。…（中略）…このような状況で"待つ"ことに意味があるだろうか。私は，断じて，"否"だ…(中略)…それでは，何故，医師やカウンセラー，教師などが「待て」と言うのだろうか。はっきり言ってしまえば，"無知，無能"であるからだし，"我が身の安全"をその第一としているからだ（工藤 1997：20-21）。≫

　そして，工藤は，≪ひきこもりという生き地獄から抜け出すためには，「待つ」だけの行為に終止符を打ち，「行動」することだ（同上：10）≫という信念のもと「実践」を始めます。

　工藤は，1977年に「タメ塾」を誕生させ，1979年第一寮開設，1980年第二寮開設，1993年「タメ塾寮」を開設し寮生も増えていきます。

　ここで，どのように工藤が「行動」，「実践」したのか，一例を紹介しましょう。1980年ごろの「実践」です。

　当時，中学2年生だった純子ちゃんは，小学5年生の半ば頃から登校拒否になりました。

　工藤は，母親の依頼を受け，二度目の訪問のとき，純子ちゃんに「学校に行きたいんだよね」と質問し，純子ちゃんの首が縦に振られるのを確認します。そして，三度目の訪問を控え純子ちゃんの家に電話すると母親が純子ちゃんはバッグに寮生活をするための着替えなどを入れて準備しているとのこと。

そこで，工藤は≪「今日しかない」と私は決心する。学校に行きたいのも本心だし，私のところに来ても良いというのも本心。きっと身体が動かないだろうけれども"力"を使っても家から出してやるのが必要だ，との決心（同上：99）。≫

　そして，純子ちゃんに接するが≪純子ちゃんは鞄を胸に抱きかかえ，全身に力を入れた。完全に身体は拒否している。左腕に手を入れようとすると入らない。石と化してしまったよう。私は私のスタッフを促して，両脇から持ち上げようとするが，ほとんど動かない。お父さんにも手伝ってもらい，大の大人が三人がかりでようやく身体が浮いた。その身体はまるで彫刻の坐像そのもので微動だにしない。坐像そのままの姿で車に乗せる。急いでお母さんにも同乗してもらい，一路福生へ。それを見送る純子ちゃんのおばあちゃんの顔には大粒の涙（同上：100）。≫

純子ちゃんは，まずタメ塾の寮に入れられ，上と同じ「実践」をやられ，結果的には，学校に行くようになり，≪中学校を卒業。とある高校に入学。それも無事卒業し，専門学校へ。そして結婚。今は当たり前の人生を歩んでいる（同上：122）≫そうです。

　この「実践」について，塩倉裕は，

　　≪工藤氏の援助論では「本人の意思」はその瞬間，青年自身の身体表現の中にはなく，工藤氏の洞察の中にあるとみなされる。こうした氏の援助論に，強制性を色濃く感じる人たちがいるのは当然だろう（塩倉 2002：10）。≫
と批判的に述べます。

　また，石川良子は，

　　≪これは確かに調査経験から得ている実感とも重なっているが，それでもなお"本人が働くことを望んでいるのだから，その手助けをすればいい"という意見には賛同できない（石川 2007：27）。≫
と，やはり批判的意見を述べます。

　そして，工藤と対談した斎藤は，対談＝激論を終えて次のように述べます。

　　≪しかし，それでも僕はあえて問わなければならない。訪問指導の方針，就労を目標とした指導方針にも，何か本質的には問題があるのではないか，と。これはこの対談でははっきりと言葉にできなかった，最も根本的な疑問である

（工藤・斎藤 2001：210）。≫

さらに，関水徹平は，上でふれた富田と工藤の支援論に対しやや中立的に次のように述べます。

　　≪同じ民間の「ひきこもり」問題にかかわる支援者であるが，富田が「ひきこもり」を　当人の意図に着目してとらえていたのに対して，工藤の「ひきこもり」はあくまで工藤の考える「自立」が基準になっていることが特徴的である。この「自立」を達成させるべく，工藤の支援は行われているといってよい（関水 2016：191）。≫

なお，工藤は，「おれは反戸塚派だけどね」と断っていますが，

　　≪みんな批判していたけれど，戸塚の方法論で対応できる人間のグループがいるんじゃないかなと思ったんだ。もし，いるのなら，その部分にだけ対応する方法論として，確定してもいいんじゃないかな（工藤・斎藤 2001：145）≫

と，やや戸塚ヨットスクールに対しては擁護する意見を述べるとともに，長田百合子に対しても，

　　≪長田百合子に関しては，軽々しく言えないな。……申しわけないけれども，そこに関してはもう少し吟味させてもらいたい（同上：146）≫

と述べています。

　私は，訪問指導という方法は絶対にダメだという立場には立ちません。相当慎重に行い，登校拒否・ひきこもり当事者の願いに沿った形で行えば有効な場合もあると思います。しかし，工藤のやり方は，訪問指導の最悪の例である戸塚や長田との境界線が曖昧であるばかりでなく，「自立」の概念が，次節で批判的に検討する政策側の自立＝就労概念と基本的に同じであり，批判される必要があると思います。

7　斎藤環『社会的引きこもり』（1998）の批判的検討

　斎藤のひきこもり論は，ある意味，行政や研究者に最も影響を与えた考え方を含んでいます。ここでは，斎藤の『社会的引きこもり』を中心に，諸研究者の意見を交差させながら，論じていきます。

　まず，最初に斎藤を含むそれ以降の代表的な調査やガイドラインで用いられたひきこもり定義をあげておきます。

表4.2 ひきこもりについての代表的な調査やガイドライン等で用いられた定義

資料・文献	定　義
斎藤環（1998）	20代後半までに問題化し，6ヶ月以上，自宅にひきこもって社会参加しない状態が持続しており，ほかの精神障害がその第一の原因とは考えにくいもの。
塩倉裕（2000）	対人関係と社会活動からの撤退が本人の意図を超えて長期間続いている状態であり，家族とのみ対人関係を保持している場合を含む。
厚生労働省（2003）「ひきこもりガイドライン」	(1)自宅を中心とした生活，(2)就学・就労といった社会参加活動ができない・していないもの，(3)以上の状態が6ヶ月以上続いている，ただし(4)統合失調症などの精神病理の疾患，または中程度以上の精神遅滞（IQ55-50）をもつものは除く，(5)就学・就労はしていなくても，家族以外の他者（友人など）と親密な人間関係が維持されている者は除く。
WHO（2006）	仕事や学校に行かず，かつ家族以外の人との交流をほとんどせずに，6ヶ月以上続けて自宅にひきこもっている状態で，時々は買い物などで外出することもある場合も含める。
東京都（2008）	様々な要因によって社会的な参加の場面が狭まり，就労や就学などの自宅以外での生活の場が長期にわたって失われている状態にある，おおむね15歳から34歳までの者。
内閣府（2010）	「ひきこもり群」：「趣味の用事の時だけ外出する」「近所のコンビニなどには出かける」「自室からは出るが，家からは出ない」「自室からほとんど出ない」状態が6ヶ月以上続いていると回答した者の内，このような状態に至った理由として「統合失調症又は身体的な病気」「妊娠した」があげられているものと自宅で仕事や出産・育児をしているものを除いた者としている。「準ひきこもり」：「ひきこもり群」のうち「趣味の用事のときだけ外出する」と答えた者。「狭義のひきこもり」：「ひきこもり群」のうち「趣味の時だけ外出する」と答えた者を除外した者。「ひきこもり親和群」：省略。
厚生労働省（2010）「新ガイドライン」	「様々な要因の結果として社会参加（義務教育を含む就学，非常勤を含む就労，家庭外での交遊など）を回避し，原則的には6ヶ月以上にわたって概ね家庭にとどまり続けている状態」，なお，「原則として統合失調症の陽性あるいは陰性症状に基づくひきこもり状態とは一線を画した非精神病性の現象とするが，実際には確定診断がなされる前の統合失調症が含まれている可能性は低くないことに留意すべき」としている。

*村澤和多里「『ひきこもり』についての理解と支援の新たなる枠組みをめぐって：心理―社会的な視点からの探求」『北海道大学博士論文』2017，p.54を加筆修正

斎藤の論の問題意識は，本節3項でふれた文科省の方針転換の中で，登校拒否の子どもに対して「見守る」路線に対する一定の批判意識です。

　　斎藤は，《不登校の一部が長期化して，社会的ひきこもりへ移行することも厳然たる事実だ（斎藤 1998：39）》と言います。

　また，斎藤は登校拒否支援と関連させながら，治療的介入の必要性をこう説明しています。

　　《不登校を治療するべきか否かについては，何通りもの答えがあり，一概には言えません。ただ，はっきり言えることは，「不登校は病気じゃないから治療すべきではない」，あるいは「不登校は精神障害の一つだから治療すべきである」といった両極端な意見は，いずれも誤りである，ということです（斎藤 2002：86）。》

　　《ひきこもり状態が数年以上続いて慢性化したものは，家族による十分な保護と，専門家による治療なしでは立ち直ることはできません。この点については，私はあえて断言しておきます（斎藤 1998：111）。》

　この点について，塩倉は，

　　《専門家の立場から，治療を受ける以外の『立ち直り』の可能性を否定したのである。青年と家族は選択肢を著しく限定された … （中略）… 氏の発言は，青年を援助者の前に引っぱり出すための戦略的発言という側面もあるが，その戦略はいわば「煙によるあぶり出し作戦」であり，性格的には事実上の強制に近い。氏の断言が社会的に浸透した場合，積極的に治療を受けない青年は『立ち直る意思のない人間』とみなされかねないのである。… （中略）… 富田氏の援助論と比べると，斎藤氏においても強制的な印象は強まっている（塩倉 2002：10）》

と批判します。

　　さらに，塩倉は，《斎藤氏の援助論の根幹には，成人が労働していないことへのネガティブで厳しい視線が見受けられる。視線の底には，成人は働くべきだという『正論』を強調する姿勢がある（同上：11）》と批判します。

　では，次に斎藤のひきこもり原因論について検討しましょう。斎藤は社会的ひきこもり論において，ひきこもりが長期化するのは，「ひきこもりシステム」の問題に原因があるとして，次のように説明します。

≪社会的ひきこもりの問題は，つきつめれば，対人関係の問題と見ることができます。これらの複数の原因を対人関係との関連から，三つの領域に整理してみます。三つの領域とはすなわち，(1) 個人，(2) 家族，(3) 社会です。

私は，ひきこもり状態にある人は，これらの全ての領域で，何らかの悪循環が生じているために長期化してしまうのではないかと考えています。こうした悪循環は，多かれ少なかれ，ほとんどの精神障害で起こりうるものです。ひきこもり状態できわだっているのは，これら三つの領域が，互いにひどく閉鎖的なものとなりがちである点です。…(中略)…

困ったことに，こうした悪循環は，まるで一つの独立したシステムのように，こじれればこじれるほど安定していきます。そして一度安定したシステムとして作動を始めると，少しばかりの治療努力では，こうした循環を止めることが難しくなります。

私はこの悪循環を「ひきこもりシステム」と仮に名付け，このシステムをいかに解消するか，それを治療上の基本方針としています (斎藤 1998:98-99)。≫

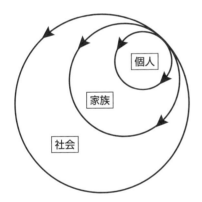
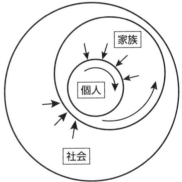

(a)「健常」なシステム・モデル
円はシステムの境界であり，境界の接点においては，システムは交わっている。
つまり，三つのシステムは相互に接し合って連動しており，なおかつ，自らの境界も保たれている。

(b)「ひきこもりシステム」
システムは相互に交わらず連動することもない。
システム間相互に力は働くが，力を加えられたシステムの内部で，力はストレスに変換されてしまいストレスは悪循環を助長する。

図4.2　ひきこもりシステム模式図

私は，このひきこもりシステム論は，なかなかよく考えられた論だと思います。ただ，ひきこもりは全て治療すべき対象だとは思いません。ひきこもりに対しては，基本的に外側からの支援は，必要だとは思いますが，それもあくまで，ひきこもり当事者の尊厳と意向を最大限尊重した上でなされるべきだと思います。

　さて，以上のような斎藤の社会的ひきこもり論に対して，全面的な批判を試みたのが，芹沢俊介です。芹沢の2002年の著書『引きこもるという情熱』の本の帯には，次のように書かれてあります。

　　≪引きこもりは希望である。引きこもりには，往路・滞在期・帰路がある。そのプロセスを十全に歩み切ることしか，引きこもりからの帰還はありえない（芹沢 2002：帯）。≫

　さて，芹沢は，まずひきこもりの意味を≪自分らしさを守るために引きこもる（同上：45）≫と規定します。

　　そして，≪引きこもりの人が避けたいのは，自分らしさを奪われそうに思える関係です。多くの場合，それが学校，職場，家族などの人間関係あるいは人間関係圏なのです（同上：46）≫と述べます。

　　それでは，芹沢のひきこもりと斎藤の社会的ひきこもり論とは何がどう違うでしょうか。

　芹沢は，以上のような，一般的なひきこもりに対して，

　　≪撤退の目に見えないもう一つの段階とは，自己からの撤退です。自己からの引きこもり，といってもいいでしょう。そして，私の理解では，この自己からの撤退，自己からのひきこもりという段階にいたった引きこもりだけが正しい引きこもりなのです。

　　筆者（斎藤：引用者註）の考えでは，社会的ひきこもり観と私たちの引きこもり理解を本質的に分けるのが，この自己間関係からの撤退という視点なのです（同上：47-48）。≫

と言います。

　そして，自己間関係からの撤退について，次のように説明します。

　　≪自己からの撤退とは簡単にいうと，自分らしさ（本当の自己）を守るために，あるいはこれ以上大切な自己が傷つかないために，もう一つの自己，つまり社会的自己から逃れることです。自分を社会的自己から切り離し，隔離し，

内部深くに撤退することです(同上 : 48)。≫

　この社会的自己とは，≪簡単に言ってしまえば，社会的価値観，社会的規範に染まっている自己のことです(同上 : 48)。≫

すなわち，登校拒否で言えば，学校に行けないのはおかしい，友達と付き合えないのはおかしいなどという考えであり，ひきこもりについて言えば，人と付き合えないのはおかしい，働けないのはおかしいなどという「常識」です。

本書第2章でもふれてきたように，ほとんど全員の登校拒否・ひきこもりの当事者は，登校拒否・ひきこもりの最中に，このような「社会的自己」に苦しめられ，日夜苦闘・苦悩し続けています。

　そして，芹沢は，このような社会的自己，すなわち≪早く仕事に復帰しなさい，学校に行きなさい，頑張れ，君ならできるという…(中略)…叱咤激励の声は，すべて社会的価値観を組み込んだ自分の声なのです。主にそれは，子ども時代から親や教員にいわれてきたことなのです。「いい子」であろうとして自分の内部に組み込んだ教育的他者の声なのです(同上 : 51)。≫

この芹沢の指摘は，私が，第1章および第2章で詳しく検討してきた「よい子」の登校拒否・ひきこもりの問題を彷彿とさせます。

芹沢は，上で述べたように，ひきこもりを往路・滞在期・帰路というプロセスで把握します。そうすると，滞在期はどのようなもので，往路はどうしたらやってくるのでしょうか。

芹沢は，「滞在期」では，「待つ」ということを重視し，

　≪自己領域の中に滞在する(同上 : 91)≫

ということを強調します。

　≪待つということは，引きこもりの滞在期を認め，肯定することなのです(同上 : 93)。≫

そして，あたかも，繭の中の蝶が自らの意思で繭から出るように，ひきこもりからの帰路は，

　≪引きこもりの本人が決めることだ(同上 : 96)≫

と言います。すなわち，

　≪十分に繭のなかに籠ることができたとき，そのあとに「自分は自分でいいのだ」という自己肯定感にたどりつくことができるのです(同上 : 101)。≫

さて，第2章の当事者からの学びでも紹介した人々は，基本的に，苦しみ苦闘しながらも滞在期を経て帰路につきました。

たとえば，旭爪あかねは，

≪私は決意しました。どう思われているのだろうかと悩むこと。言い訳をすること。評価されていないことを悔しがること。その三つのために使う時間をカットしよう（旭爪 2014：187）。≫

とまで思うようになります。

以上の芹沢の往路・滞在期・帰路のプロセスの考え方は，登校拒否・不登校問題全国連絡会のスローガンである「信じて，任せて，待つ」ととても似ています。

この芹沢の考え方について注目し，賛意を表明している研究者は，管見の限り藤本文朗ぐらいです[註20]。

なお，斎藤のこの著書以降，政府のひきこもり政策も変化します。この点について，村澤は，次のように述べます。

≪斎藤（1998）の理論は，見守りの姿勢から介入へと転化するきっかけの一つになったと考えられるが，具体的な政策として展開されるのは2000年代前半からである（村澤 2017：58）。≫

また，塩倉も次のように述べます。

≪工藤・斎藤両氏の援助論が富田氏のそれと異なっている点として，強制性の強まりと就労の重視を挙げた。この変化を2000年以降の「引きこもり」への関心の高まりと重ね合わせて見るとき私は，日本社会が変質したとの印象を強く抱く。社会の気分が，より強制的でより就労を重視した「引きこもり」援助を支持する方向へ変質してきた，との印象である（塩倉 2002：11）。≫

さて，2000年代前半に登校拒否，ひきこもり，ニート，障がい者関連の政策が次々と出されてきます。次節では，その点を中心に検討します。

第4節 登校拒否の高止まりから戦後第二の激増期へ ―ひきこもり問題への本格的な施策実施の2000年代前半

1　2003年施策をめぐる背景・意味と問題点

政府によるひきこもり施策の出発の年，並びに登校拒否問題に対する施策の転

換点の年，さらには，障がい児教育に対する施策の転換点の年が2003年です。

　まず，この年が様々な領域に対する施策の転換点になった背景についてふれます。

　最初に若者の雇用状況に関する数値をあげます[註21]。

　ア．若者の失業者数の増加：1992年40万人→2002年69万人へ増加。

　イ．高い失業率：1992年4.5％→2002年9.9％へ増加。

　ウ．フリーターの増加：1992年101万人→2000年193万人へ増加。

　エ．無業者の増加：大卒1992年5.7％→2002年21.7％（約12万人），高卒1992年4.7％→2002年10.5％（約14万人）。

　オ．高い離職率（学卒3年後離職率）：中卒7割，高卒5割，大卒3割。

以上，フリーターが約200万人，失業者が約100万人という深刻な事態になっていることを，『若者自立・挑戦プラン』では，≪いま，若者は，チャンスに恵まれていない。高い失業率，増加する無業者，フリーター，高い離職率など，自らの可能性を高め，それを生かす場がない（若者自立・挑戦戦略会議　2003：1）≫ととらえていました。

　この内，失業者とフリーターはひきこもり予備軍ととらえられていたと思われます。

　また，登校拒否は，2001年まで激増し，約14万人になったこと（「長期欠席」数は，20万人を大幅に越えていたと思われます）。さらには，

　≪特殊教育諸学校（盲・聾・養護学校）若しくは特殊学級に在籍するまたは通級よる指導を受ける児童生徒は近年増加しており義務教育段階に占める比率は1993年度約1％から2002年度約1.5％と増加していること（文科省　2003）≫などが背景にあります。

　そして，若者のフリーターおよび失業者対策としては，2004年に「ジョブカフェ」を創り，2005年に「若者自立支援塾」（2009年に廃止）を創り，2006年から「地域若者サポートステーション」事業を始めるなど次々に対策を立て，実行します。

　これらの施策をどう評価したらよいでしょうか。

　政府が何らかの施策を行うのは，ないよりはマシです。しかし，日本の諸政策は，たとえばイギリスのそれと比較すると非常に不十分です。ジョブカフェと

して提供された，補助金つきのトライアル雇用の期間は3ヶ月で提供された数は4万人足らず（2004年度）です。イギリスのそれは，6ヶ月の補助金つき雇用の制度を持ち，4年半で91万人を受け入れていました。日本の若者人口はイギリスの約2倍あります。また，ジョブカフェのセンターは日本で96ヶ所，東京では1ヶ所しかないが，イギリスはロンドンだけで46ヶ所設置されています。日本の施策がいかに貧困かわかります[註22]。

　また，問題の原因として「将来の目標が立てられない，目標実現のための実行力が不足する若年層が増加している」として，若者の能力不足に問題の原因を転化し，その「能力」を学校教育におけるキャリア教育・職業教育で育成しようとしていることに注目する必要があります。

　この点，十分批判的に吟味する必要があるでしょう。

　また，施策は「目指すべき人材像」として，「真に自立し，社会に貢献する人材」が求められるとしている点にも注目する必要があります。

　さらに，2006年に始まった「サポートステーション」（以下：サポステ）事業をどう評価したらよいでしょうか。

　サポステは，当初は広い意味での進路相談・進路サービスが主目的でしたが，次第に若者向けの就労支援に特化しはじめ，しかも，何名就労させたかによって，補助金が違うなど成果主義的な色合いが強いものです。

　ここでのキーワードは「自立」です。このキーワードが，2003年における若者支援，登校拒否問題，そして，障がい児支援を貫くキーワードです。

　登校拒否問題の転換については，本章第3節3項でふれたように，それまでの1992年の報告が，登校拒否は「どの子にも起こりうる」そして，「見守る」ことが基本路線でいたが，2003年の報告は，登校拒否の子どもの「社会的自立に向けて」，「働きかける」という路線に大きく転換します。この路線の転換のキーワードはやはり「自立」です。そして，その後の施策が，登校拒否の子どもや親をどれだけ苦しめるものであったかはここでは繰り返しません。

　さらに，障がい児教育ではどうだったでしょうか。

　文科省の『今後の特別支援教室の在り方について（最終報告）』（2003年3月28日）では，≪教育の方法論として，障害のある児童生徒一人一人の教育的ニーズを専門家や保護者の意見を基に正確に把握して，自立や社会参加を支援

するという考え方への転換が求められている≫としています。

やはり，ここでも障がい児の「自立」がキーワードです。

この中で，上でふれたように，2003年は不登校問題に関する調査研究協力者会議の報告『今後の不登校への対応の在り方について』が出された年です。この報告は，1992年に同様の報告が出されてから10年以上ぶりに出されたものです。

なぜ，文科省が不登校に関する調査研究協力者会議を設置し，報告を出したのでしょう。その要因としては，第一に，登校拒否児童生徒数が，1970年代半ば以降増え続け，特に前回の報告以降急増し，約14万人にもなり，社会的問題関心が高まったこと。第二に，不登校経験者の実態調査からみると，「不登校経験者は，総じて進学率が低く（高等学校65％，大学等13％）就職率や高等学校中退経験の割合が高いといた傾向が示されている」など，進路上の問題が課題となっていること。そして，第三に，ひきこもりが社会的問題となり，社会的にひきこもりと不登校問題の関連が指摘されるようになったことなどが考えられます。

以上のような背景を持って出された報告の特徴と問題点は以下の三点にまとめられます。

第一に，私が本章第3節3項で厳しく批判した1992年の学校不適応対策調査研究協力者会議の報告「提言自体は，今でも変わらぬ妥当性を持つものである」という，ある種の居直りとも言える認識を示している点です。

第二に，登校拒否増加の原因については，相変わらず「私事化」する社会に原因を求めながら，同時に，

≪近年の子どもたちは社会性等をめぐる問題，例えば，自尊感情に乏しい，人生目標や将来の職業に対する夢や希望等を持たず無気力な者が増えている，学習意欲が低下している，耐性がなく未成熟であると言った傾向が指摘されている。≫

また，保護者の側では，

≪一部では，無責任な放任や過保護・過干渉，育児への不安，しつけへの自信喪失など，家庭の教育力の低下が指摘されている。…（中略）…学校に通わせることが絶対ではないとの保護者の意識の変化等について指摘されている≫と述べ，基本的に子どもや親の側に原因を求める姿勢に変わりはありません[註23]。

そして，第三に何より重要な点は，「将来の社会的な自立に向けた支援の視点」，

「連携ネットワークによる支援」，「働きかけることや関わりを持つことの重要性」，「保護者の役割と家庭への支援」などが強調され，1992年報告が「登校拒否はどの子にも起こりうる」そして「待つ」ことを強調していたのに対し，この報告は，子どもの社会的自立に向けて「働きかける」ことをとりわけ重視しています。

そして，その働きかけることの中身は，特に「適応指導教室」を整備すること，あるいは，スクールカウンセラーの配置促進（スクールカウンセラーは，1995年から配置が始まっていました），スクーリング・サポート・ネットワーク整備事業（SSN）開始，さらには，「数値目標」に基づく全国的な「不登校半減計画」（例：埼玉県熊谷市）などの実践として現れます。

全体として，登校拒否問題を「心の問題」から「社会の問題」へと視点を向けたのは良かったのですが，登校拒否を生み出す学校や《社会の構造の見直しに向かうのではなく，『だから不登校を認めることはできない』とする態度に見られるように，個人の生の軌跡を修正することによって構造を維持するという，すぐれて＜管理者＞的発想に立脚したものとなっている（貴戸 2004:53）》と言えます。

《このように，2000年代に入ると，児童が学校に行かないことや，若者が働かないことを問題視する眼差しが強化されていき，社会化をせまる圧力が増長していく。これらの施策に共通するのは，不適応の原因を『能力』の問題として捉え，コミュニケーションや仕事のスキルを身に付けることを主眼とした支援が組み立てられていること（村澤 2017:58-59）》です。

また，それらの施策に共通するキーワードは「自立」です。

その自立の内容は，登校拒否で言えば「学校復帰」であり，ひきこもりで言えば「就労」です。このような意味での自立の内容は，第2章でも詳しくふれたように，登校拒否・ひきこもり当事者の願いとも基本的に異なります。このような，貧しい自立概念は，あくまで為政者にとっての「人材」観に基づく勝手な自立であるにすぎません。

2 ひきこもり問題の一つの節目 — 2010年

2010年は，ひきこもり問題の一つの節目の年となりました。

それは次の三つの施策が行われた年であるからです。

第一に、『子ども・若者育成支援推進法』が制定されました。第二に、内閣府がひきこもり調査を行い、ひきこもる若者の人数を発表しました。第三に、厚労省による『ひきこもりの評価・支援に関するガイドライン』が発表され、ひきこもりの基本概念等が規定されました。

　まず、最初に『子ども・若者育成支援推進法』をどう評価したらよいかについてふれます。

　本法は第一に、有害情報の氾濫など、子ども・若者をめぐる環境の悪化、第二に、ニート、ひきこもり、登校拒否、発達障がいの子ども・若者の抱える問題の深刻化、第三に、従来の個別分野における縦割り的な対応では限界である、という三つの背景を踏まえて制定されました。

　また、第一条「目的」は、

　《この法律は、子ども・若者が時代の社会を担い、その健やかな成長がわが国の発展の基礎をなすものであることにかんがみ、日本国憲法及び児童の権利に関する条約の理念にのっとり、子ども・若者をめぐる環境が悪化し、社会生活を円滑に営む上での困難を有する子ども・若者の問題が深刻な状況にあることを踏まえ、子ども・若者が社会生活を円滑に営むことができるようにするための…（中略）…総合的な子ども・若者育成支援のための施策…（中略）…を推進することを目的とする。》

となっています。

　この法律で、子どもとは、乳幼児期、学童期及び思春期の者。若者とは、思春期、青年期の者。施策によっては、40歳未満までのポスト青年期の者も対象とする、と規定しています。

　また、第二条の「基本理念」では次のように述べています。

　《第二条　子ども・若者育成支援は次に掲げる事項を基本理念として行われなければならない。

　　一　一人ひとりの子ども・若者が。健やかに成長し、社会との関わりを自覚しつつ、自立した個人としての自己を確立し、他者とともに時代の社会を担うことができるようになることを目指すこと。

　　二　子ども・若者について、個人としての尊厳が重んぜられ、不当な差別を受けることがないようにするとともに、その意見を尊重しつつ、その最善

の利益を考慮すること。

　　…（中略）…

　七　就学及び就業のいずれもしていない子ども・若者その他の子ども・若者
　　であって，社会生活を円滑に営む上での困難を有するものに対しては，そ
　　の困難の内容及び程度に応じ，当該子ども・若者の意思を十分に尊重しつ
　　つ，必要な支援を行うこと。≫

　以上の「目的」と「基本理念」では，基本的に，第一に，憲法と子どもの権利条
約の精神を踏まえ，「個人としての尊厳が重んぜられる」とか「その意見を尊重し
つつ，その最善の利益を考慮すること」など重要な理念が書かれてあります。

　しかし，第二に，本節第1項で検討したような，「自立した個人としての自己
を確立」することが述べられており，これが，もし新自由主義社会を自己責任で
乗り切る「強い自己の自立」を意味しているのなら，大きな問題点を含んでいる
と考えられます。

　また，第十五条で「関係機関等」は，

　　≪就学及び就業のいずれもしていない子ども・若者その他の子ども・若者で
　　あって，社会生活を円滑に営む上での困難を有するものに対する次に掲げる支
　　援（略）を行うよう努めるものとする。≫

として，いわゆるニートやひきこもる若者に対する支援を六項目にわたってあげ
ています。

　なお，第二十八条の「組織」において，子ども・若者育成推進本部長のトップ
に国家公安委員会委員長があげられていることなどは，子ども・若者育成支援に
おいて，上からの「治安」と「矯正」の視点が表れているものであり，注意が必要
だと思います。

　いずれにしても，法が施行され，この法に基づき子ども・若者に関する施策，
あるいは，ひきこもる若者に対する施策が行われるようになったことは，子ども
・若者施策並びに，ひきこもる若者支援に対する新しい時代を画することになっ
たことは間違いないでしょう。

　さて，次いで，内閣府がひきこもり調査を2010年に実施したことをどう考え
たらよいでしょうか。このことは，もはや，ひきこもり問題が社会的な問題とし
て無視しえない問題になっていることの証の一つといえるでしょう。

このひきこもり調査では，10歳代から39歳までで，第一に，狭義のひきこもり＝23.6万人，広義のひきこもり＝46.0万人の計約70万人（1.79%）のひきこもりが存在することを明らかにしたこと。

　第二に，ひきこもり親和群（ひきこもりに心情が近い人）が，155万人（3.99%）存在することがわかったことが特徴です。

　すなわち，これまでかなり大量にひきこもりが存在すると言われてきましたが，その存在がおおよその数として表されたことが重要です。

　しかし，このひきこもり調査では，狭義・広義のひきこもり，ひきこもり親和群の双方において，40歳以上は調査されていないというかなり根本的な問題を持っていました。

　この問題は，内閣府の2016年調査でも引き継がれますが，40歳以上のひきこもりが，この頃から問題になり始めただけに，内閣府及び厚労省など政府の姿勢は批判されるべきでしょう。

　第三に，厚労省によって『ひきこもりの評価・支援に関する新ガイドライン』が発表され，ひきこもりの基本概念などが明らかにされたことが重要です。

　新ガイドラインでは，ひきこもりの基本概念について，次のように述べています。

　≪様々な要因の結果として社会参加（義務教育を含め就学，非常勤職を含む就労，家庭外での交遊）を回避し，原則的には6ヵ月以上にわたって概ね家庭にとどまり続けている状態（他者と交わらない形での外出をしていてもよい）を指す現象概念である。なお，ひきこもりは原則として統合失調症の陽性あるいは陰性症状に基づくひきこもり状態とは一線を画した非精神病性の現象とするが，実際には確定診断がなされる前の統合失調症が含まれている可能性は低くないことに留意すべきである。≫

　この基本概念では，第一に，「義務教育を含め就学を回避し」ということで，登校拒否との関連も含んでいることが特徴の一つです。新ガイドラインでは，登校拒否経験者の10%がひきこもりに移行するという調査結果に依拠しています。その割合の真偽はともかく，私が，上で述べたように登校拒否からひきこもりに移行する場合が存在することを指摘したことは重要でしょう。

　また，第二に，ひきこもりと統合失調症などの関連を指摘した点も検討に値す

るでしょう。なぜなら，一般的には，ひきこもりには，統合失調症などを含めない場合が多いのですが，実際には，発症している場合も存在するからです。この点は重要な理論的検討課題の一つです。

　さらに，第三に，新ガイドラインでは，不登校・ひきこもりの支援についてまだ未確立な部分がたくさんあるとして，登校拒否からひきこもりへ移行する層とひきこもりからなかなか恢復できない層が一定の割合存在し，その層に対しての息の長い支援のあり方の究明が特に重要な課題だとしています。

　以上から，2010年は，ひきこもり支援のあり方を考える上で一つの節目になった年と言えるでしょう。

3　登校拒否・ひきこもり支援の新たな変化の年 ― 2016年

　2016年は，登校拒否・ひきこもり問題における新たな変化の兆候が現れた年です。

　この点を三つの事実から見てみましょう。その事実とは，第一に，内閣府の『若者の生活に関する調査報告書』が出され，ひきこもりに関する実態調査の結果が2010年に続いて出されたことです。また，第二に，KHJ全国ひきこもり家族会連合会（以下：KHJ）などの調査で，40歳以上のひきこもる人の存在が大きな社会的な問題として浮上したことです。そして，第三に，いわゆる「登校拒否対策法」と言われる『教育機会確保法』が制定されたことです。

　それではまず，第一の点から検討しましょう。

　2016年の報告書では，準ひきこもり＝36.5万人，狭義のひきこもり＝17.6万人の計54.1万人と報告されました。このひきこもり数は，2010年が，約70万人であったことと比べ，約16万人減少しており，内閣府は，これまでの支援策がある程度効果があったとしました。

　しかし，この数字自体かなり疑わしいものです。

　その理由と，実際のひきこもる人がゆうに100万人を越えると予想できる理由は，序章でもふれましたし，多くの研究者が指摘してきたことです。

　なお，この報告書とひきこもり数に対するKHJや世論の批判の中で，内閣府は，今後40歳以上のひきこもりに対しても調査をする方向である旨を述べています。

第二の『教育機会確保法』については，本書第3章第2節から第3節で詳しくふれましたので参考にしてください。

また，第三の40歳以上のひきこもる人の存在は，端的には「8050」問題と言われている問題です。

KHJの調査など[註24]によると，40歳以上のひきこもりを把握している9県のうち，茨城，山梨，島根，佐賀，長崎県では，40歳以上が39歳以下を上回る結果となっており，ひきこもる人の高齢化の実態が明らかになりました。

また，ひきこもりの平均年齢は，表4.3等からも明らかなように2005年の28.1歳→2019年の35.2歳とプラス7.1歳，ひきこもり平均期間は，2005年の7.5年→2019年の12.2年とプラス4.7年，親の平均年齢も，2006年の60.1歳→2019年の65.9歳とプラス5.8歳などと，ひきこもりの長期化，高齢化が顕著になっています。

表4.3　KHJの全国調査にみる長期高年齢化

公表年	40歳以上の割合（%）	50歳以上の割合（%）	平均年齢（歳）	平均ひきこもり期間（年）	家族の平均年齢
2004年	2.9	0.2	27.6		
2005年	4.2	0.3	28.1	7.5	
2006年	5.6	0.3	29.5	8.6	60.11
2007年	5.4	0.0	29.6	8.3	59.21
2008年	6.2	0.3	30.1	9.0	60.02
2009年	7.3	0.0	30.2	8.8	60.4
2010年	10.4	0.0	30.3	9.6	60.9
2011年	14.5	0.3	31.6	10.2	61.6
2012年	14.8	0.9	31.5	10.3	61.34
2013年	19.3	1.0	33.1	10.5	63.2
2014年	23.1	1.3	33.1	10.7	62.9
2015年	22.2	1.0	33.2	10.2	63.6
2016年	22.8	0.8	32.7	10.8	62.8
2017年	25.3	0.8	33.5	10.8	64.1
2018年	28.9	2.0	34.4	9.6	64.5
2019年	31.3	5.4	35.2	12.2	65.9

政府のひきこもり施策やひきこもりを支援する実践・運動も，ひきこもりの長期化，高齢化の実態に即して変化することが求められていると言えるでしょう。

　この点についての究明は今後の重要な課題の一つです。

　ただし，ひきこもりの長期化，高齢化は，この間の「失われた30年」と言われる「就職氷河期」の状況や，非正規労働者の増大などの社会状況の悪化との関連でとらえられるべきです。決して，ひきこもり当事者の「自己責任」の問題ではないことを押さえておく必要があります。

4　登校拒否戦後第二の激増期の兆しとひきこもりの新たな調査について　　　―2018年以降

　第4章の最後に，最近の登校拒否・ひきこもり問題で注目しておきたい三点についてふれておきます。

　まず，第一点目は，序章でもふれたように，文科省の発表によると，安倍内閣が，全国一斉学力テストの都道府県別順位を発表し始めた2013年度から，小・中学生の登校拒否数は増加し始め，それ以降，増加のスピードも増し，6年連続で増え続けているという点に関わります。

　この点は，文科省が，年間30日以上学校を欠席している児童生徒の中で「不登校」とカウントしている児童生徒だけでも，約16万5千人おり，「病気」，「その他」にカウントしている児童生徒の中の3分の1が「不登校」にカウントされるべきですので，その数は，約19万人以上になります。

　また，序章の註2で紹介した日本財団調査を参考にすると，「保健室登校」などを含む「不登校気味」の児童生徒を含めると，数はこの約3倍になります。

　そうすると，ほぼ明らかに，登校拒否は戦後第二の激増期に入った可能性が大きいことがわかります。文科省は，このことをまだ「高止まり」だとシラを切っていますが，私たちは，事実をきちんと見つめ，これまでと現在の政府・文科省の教育政策を根本的に批判し，その転換を求めていく必要があると思います。政府・文科省の教育政策をどのように転換すべきかについては，終章で述べます。

　二点目は，2018年にKHJから，2019年に内閣府から，それぞれひきこもり調査が発表されましたので，その二つの調査を踏まえて，何点か指摘しておきます。

　2018年のKHJから発表された調査報告は，『ひきこもりの実態に関するアン

ケート調査報告書』です。

　この調査報告書によると，ひきこもりの平均年齢は，34.4歳であり，昨年度調査に比べさらに1歳近い上昇が認められました。そして，ひきこもりの最頻値は，38歳でした。また，親の平均年齢は，64.5歳で，これまでの調査で最高年齢を記録しています。

　さらに，家族調査では28.8％（544名中157名），本人調査では31.7％（85名中27名）が40歳以上でした。昨年度は，40歳以上の事例が全体の25％でしたが，今年度は，全体の29.2％が40代以上です。

　また，1ヶ月に外出する日数は，平均15.6日であり，最頻値は30日でした。すなわち，全体としては，1ヶ月の半分の日数以上外出していることになります。

　本人の年齢は，40歳以上の事例では，平均が約44歳であり，「7040」が具体的問題になり，そして，「8050」あるいは「9060」問題も，ひきこもりの家族では少なからず生じていることが明らかになりました。最後に，「躁鬱病」，「統合失調症」などの精神障害を患っているひきこもりも少なくないことも明らかになっています。

　次いで，多くのひきこもり家族と世論の力によって初めて実現した，内閣府による40歳以上のひきこもりに関する調査である『生活状況に関する調査報告書』を見てみましょう。

　この調査によって，第一に，これまで推測でしか語られなかった40歳以上のひきこもりの概数が，61.3万人いるとわかりました。

　そうすると，2016年に内閣府によって発表された15歳〜39歳のひきこもり54万人と合わせて，日本には，およそ115万人ものひきこもりが存在することになります。

　第二に，性別では，男性が76.6％，女性が23.4％でした。この割合は，前回調査（2015年度15歳〜39歳）が，男性63.3％，女性36.7％であったのに比べ，男性の割合が，13ポイント以上も多くなっています。15歳から64歳までのひきこもりをトータルすると男女比は，およそ7：3であることになります。

　第三に，年齢は，40歳〜44歳が25.5％，60歳〜64歳の25.5％で最も多く，次いで，55歳〜59歳が21.3％になっています。この調査では，平均年齢は出されていませんが，上の数字を参照すると，今回の調査で明らかになった40歳以

上のひきこもりの平均年齢は，50歳を過ぎているものと思われます。

　この点から言っても，「8050」問題を中心に「7040」問題，あるいは「9060」問題が顕在化していることを伺わせます。

　第四に，ひきこもりの背景として，「35歳以上で無職」が53.2％，「ニート」が21.3％，「初めての就職から1年以内に離職および転職した」が10.6％，「小・中・高校で不登校だった」が8.5％います。

　前回調査（2015年）では，「友達にいじめられた」が36.7％，「学校の勉強についていけなかった」が同じく36.7％，「不登校を経験した」が30.7％，「学校の先生との関係がうまくいかなかった」が20.4％などとなっています。

　さらに，前々回調査（2009年）では，「友達にいじめられた」42.4％，「いじめを見て見ぬふりをした」28.8％，「不登校を経験した」23.7％，「学校の勉強についていけなかった」23.7％，「学校の先生とうまくいかなかった」18.6％，「友達をいじめた」15.3％などとなっています。

　ここからは，40歳以上のひきこもりは，就職上の問題が背景にあることが伺えます。確かに，大卒では3年後離職率が3割を超えていますし，高卒ではその割合が4割以上となります。高卒や大卒で就職後1年後以降に離職して引きこもる層が一定程度存在することが想像できます。

　また，15歳〜39歳までの青年の中でひきこもる層は，背景にいじめ問題と登校拒否，並びに学校での学びのあり方があることを抑えておきたいと思います。

　第五に，現在無職は，76.6％です。前回調査で無職は，67.3％でした。やはり，年長者の方が，無職の割合が高いことがわかります。

　第六に，現在就職活動をしているかどうかは，「していない」と答えた割合は，84.8％でした。この割合は，前回調査では，66.7％，前々回調査では，48.6％であり，年を追って増えています。このことの背景には，年齢的な問題とともに最近の就職事情の悪化の問題が反映していることも考えられます。

　第七に，「仕事をしなくても生活できるのならば，仕事はしたくない」という質問に対し，「いいえ」と答えた割合は，26.2％です。この割合も，前回44.8％，前々回50.8％と比べ大幅に減っていることも注目に値します。

　第八に，「ふだんどのくらい外出しますか」という質問に対しては，「ふだん家にいるが，近所のコンビニなどには出かける」44.7％，「ふだん家にいるが，自

分の趣味に関する用事の時だけ出かける」40.4％と合計85％以上のひきこもりが家に引きこもっているだけでなく時折外出すると答えていることも注目して良いと思われます[註25]。

　以上二つの調査によって，日本のひきこもりの実態とその背景はより具体的に明らかになりました。

　三点目は，この間のひきこもりをめぐる事件とマスコミの報道のあり方について検証しておきたいと思います。

　2000年以降，表4.4に見られるようにひきこもり問題に関する事件がいくつか起こりました。

表4.4　「8050」問題に通じる過去の主な事件

年　月	事件の内容
2000年 2月	●新潟県警が柏崎市の無職の男（37）を，事件当時小学4年生だった女性に対する未成年者略取などの容疑で逮捕。9年2ヶ月にわたり自宅に女性を監禁した。男は自宅にひきこもりがちだったが，同居の母親も事件に気づかなかった。
2004年10月	●大阪府東大阪市で無職の長男（36）が父（66）と母（61）を殺害。長男は約20年にわたってひきこもり，母は数年前の脳梗塞で介護が必要な状態だった。
2009年 8月	●千葉県旭市で男（73）が長男（45）を殺害。長男は自宅にひきこもっていた。
2010年12月	●茨城県茨城町の住宅で女性（66）の遺体が見つかる。翌年1月，県警は長女（37）を殺人容疑で逮捕。長女は自宅にひきこもりがちだった。
2018年11月	●岐阜県大野町で無職の男（68）が妻（69）と長男（36）を殺害。妻は病気で長男は中学時代から家にひきこもり，男は嘱託殺人の罪に問われた。
2019年 5月	●川崎市の路上で児童ら20人が殺傷された。現場で自殺した岩崎隆一容疑者（51）は，高齢の親族と同居し，長年ひきこもっていた。
2019年 6月	●元農林水産事務次官の熊沢英昭容疑者（76）が東京都練馬区の自宅で長男（44）を刺殺。熊沢容疑者はひきこもり生活をする長男の家庭内暴力に悩んでいたという。

＊『AERA』2019年6月17日号より

　以上の事件の中で，本書では2019年に起きた二つの事件について検証します。

　まず，二つの事件のうち，5月28日朝に起きた事件についてふれます。この事件について，当日のテレビ番組で，立川志らくは「一人の頭のおかしい人が出

てきて，死にたいなら一人で死んでくれよって，そういう人は。なんで弱い子ど
ものところに飛び込んでんだって」と発言しました。また，安藤優子は「社会に
不満を持つ犯人像であれば，全てを敵に回して死んでいくわけですよね。だった
ら，自分一人で自分の命を絶てばすむことじゃないですか」[註26)]と同調した意見
を述べました。

　この，犯人は「一人で勝手に死ね」とういう発言をめぐって，NPO法人ほっと
プラス代表理事，聖学院大学人間福祉学部客員准教授の藤田孝典は，次のように
反論しました。

　≪「一人で死ぬべきだ」という言説は控えていただきたい。次の凶行を生ま
　ないためでもある。事件が起きる背景には容疑者が育った環境や社会状況もあ
　り，「死ね」というだけでは事件は防げない。生活支援など社会のあり方も見
　直すべきだ（小田桐 2019:6-7)。≫
また，評論家の江川紹子も同様な発言をしています。

　このような発言に対し，ツイッター上で論争が起きます。さらに，6月2日放
送のフジテレビ『ワイドナショー』でダウンタウンの松本人志は，川崎事件の容
疑者について次のように語りました。

　≪人間が生まれてくる中で，どうしても不良品というのは何万個に一個，絶
　対に，これはしょうがないと思う…（中略)…こういう人たちはいますから，
　絶対数，その人同士でやりあってほしい（同上：7)。≫
私は，前述の立川や安藤あるいは，松本の発言は，ひきこもり問題あるいはひ
きこもり当事者や家族の実情や苦しさを全く理解していない発言であり，害悪の
方が大きいと思う。

　この点に関係する次の小田桐の意見に全く賛成です。

　≪これら各番組のMC・コメンテーターの発言を聞いていると，どこかの
　居酒屋で一杯飲みながらの雑談を想起してしまう。インターネットと異なり
　免許で成り立つテレビ放送は，そういった与太話を流すものではなかろう（同
　上：7)。≫
さて，以上触れたテレビ番組に対して，週刊誌での報道はどうだろうか。私が
読んだのは，『週刊朝日』(2019年6月13日号）と『週刊新潮』(2019年6月13日）
の二誌です。

この二つの週刊誌の，内容を簡単に紹介しましょう。

まず，『週刊朝日』は，「川崎20人殺傷事件で浮かび上がる8050問題引きこもり高齢化の深刻度」と表題に書き，要約として，次のように書いています。

≪20人を殺傷し，自らも命を絶った岩崎隆一容疑者(51)。長期間引きこもりの状態で，同居する高齢の叔父，叔母とは会話らしい会話もなかったという。80代の親と50代の引きこもりの子供の家族が社会から孤立し，困窮する「8050問題」。国は見て見ぬふりをしている（『週刊朝日』2019：22）。≫

そして，中見出しとしては，「どの世代からも引きこもる」，「引きこもりは若者課題』国の決めつけが対応の遅れ招く」，「親の『働け』はNGワード外部とつながっておくこと」が書かれています。そして，記事の内容もかなりまともなものとなっています。

それに対して，『週刊新潮』は，リードが「あなたの隣にいる『中年ひきこもり』の正体」，「『元農水次官』がエリート校出身の息子を刺殺するまでの『家族の肖像』」となっており，内容の説明は次のようになっています。

≪川崎の無差別殺傷事件と，元農水次官が息子を殺害した事件を結びつけるキーワードは，「中年ひきこもり」である。詳細な事件レポートと家族の肖像。二大類型，危険シグナル一覧，専門家が教える対処マニュアル……。ついに「臨界点」を迎えた社会問題の全貌（『週刊新潮』2019）。≫

そして，中見出しは「『川崎事件』型と『次官事件』型の二大類型とは」，「暴発予備軍は100万人という『8050』問題」，「『受験失敗』から『トイレ籠城』までの危険シグナル一覧」，「私はこうして『ひきこもり地獄』から脱却した」，「ではどうすればいいのか『対処マニュアル』」となっています。

また，内容は後半にまともな部分も含んでいますが，前半部分は，いたずらに危機感や不安を煽るものになっています。特に「暴発予備軍は100万人という『8050』問題」という中見出しは，完全にミスリードだと思います。

以上のように，2019年の二つの事件を対象にしたマスコミ報道を垣間見てきました。私の知り得た範囲では，全体として日本のマスコミの劣化はかなり進んでいるような印象を受けました。特に，テレビ報道は，NHKの報道などに典型的なように，本来のマスコミのあり方として大いに疑問を抱きます。

イギリス留学から一時帰国した四男に聞きましたが，イギリスにおけるマスコ

ミは，日本のマスコミが「中立」を標榜しつつ，実態は政権寄りの報道と興味本位の文化番組の放映を繰り返しているのとは大いに異なり，どの政権に対しても基本的に批判的であるのが普通だと言っていました。日本では，現在の安倍政権になって，マスコミの自由度がどんどん低下していますが[註27]，安倍政権は，戦前の日本と同様「報道」と「教育」を通じて国民意識の改変を目指し，憲法「改正」に向けて着々と手を打っているだけに，私たちは，手遅れにならないようマスコミをも厳しく監視し，同時に良識的なマスコミ報道を応援しつつ，必要に応じて藤田のように論陣をはるべきでしょう[註28]。

第5節　小括

　登校拒否は，前史としての大量の数の「長期欠席」を経て，1966年から「学校ぎらい」として統計が取られ始めます。そして，1970年代半ばまでは数は減りますが，1970年代半ば以降増え続け，学校における「競争と管理」が強まる中で，1980年代から90年代にかけて，戦後第一の激増期を迎えます。そのあと，文科省の「数値目標」による登校拒否減らしにより，2001年以降2012年までは「高止まり」になります。しかし，安倍内閣による全国一斉学力テストの都道府県別順位が発表され始めた2013年から増え始め，それ以降6年連続で増え，戦後第二の激増期の兆しを迎えます。

　文科省は，1980年代から，登校拒否に対する対策＝政策を立て始め，実行に移します。しかし，その対策＝政策は，いずれも，登校拒否が発生してくる原因究明抜きのその場しのぎのものでした。また，それは，基本的に登校拒否の子どもの学校復帰前提の弥縫策にとどまり，登校拒否の多くの子どもやその親を苦しめてきました。

　また，近年は，登校拒否対策法と言われる『教育機会確保法』も制定しましたが，その法も大変問題の多い欠陥法でした。

　さらに，Society 5.0に基づく，教育の市場化・民営化路線の中に登校拒否問題も位置付け，公教育の解体とともに，登校拒否の子どもの中から，エリートづくりをねらうなどの動きもあります。

　さて，このような中で，登校拒否に関する理論も展開されてきました。それ

らの理論は，一部を除いては登校拒否の当事者やその親の願いや苦しみに応える
ものではなく，登校拒否政策を後追い的に合理化するものが少なくありませんで
した。

　登校拒否激増の原因にメスを入れるとともに，問題解決の展望を指し示す理論
の構築は，今後の重要な課題の一つです。

　また，ひきこもり問題は，1980年代に「登校拒否その後」として顕在化しまし
た。1990年代に入ると，登校拒否の激増，高校中退の増加，大学中退の増加，
就職後離職者の増加などが重なり，問題が顕在化してくるとともに，民間による
支援が行われるようになりました。

　そして，2000年代に入ると政府による施策も行われるようになりました。し
かし，その施策は「自立＝就労」を迫るものであり，基本的にひきこもる人々の
願いとは乖離があるものでした。

　また，2010年以降，計3回ひきこもり調査が行われるとともに，その結果が
発表され，ひきこもりは115万人以上存在することが明らかになりました。

　ひきこもり論やひきこもり実践は，一部を除いては，ひきこもる人々の願いと
はずれたもので，共感的受容的他者に支えられ，「自分は自分であって大丈夫」
という自己肯定感の回復よりも，「自立＝就労」を迫るものが主流であるため，
ひきこもる人々の主権の回復，生活と権利の保障のあり方を理論的に究明するこ
とも今後の重要な課題の一つです。

補論 I ｜ 登校拒否・ひきこもり問題と『男はつらいよ』

　私の一番好きな映画監督は，山田洋次監督です。山田監督の映画はほとんど観
ています。大学の授業でも教職課程の授業で，映画『学校』シリーズを学生と一
緒に観てきました。また，教養ゼミでは，「山田洋次監督の作品に学ぶ」という
テーマで，半年間に7本の映画を鑑賞し，討論し，最後に，山田監督のもとで助
監督として『男はつらいよ』や『幸福の黄色いハンカチ』，そして『学校』シリー
ズを作ってきた，阿部勉監督に，山田組での映画づくりの裏表を話していただき
ます。なお，2019年の教養ゼミで観た作品は『学校』，『学校Ⅱ』，『十五才 学校
Ⅳ』,『幸福の黄色いハンカチ』,『母べえ』,『母と暮せば』，そして『男はつらいよ』

第48作の7本です。

　山田監督の作品に対する学生の評価は，すこぶる良く，教養ゼミ参加者も年々増え続けてきました。

　私が，この山田監督の作品，とりわけ『男はつらいよ』と登校拒否・ひきこもり問題との関連性に気付かされたのは，2019年夏の全日本教職員組合等主催の「教育のつどい」分科会，「登校拒否・不登校」における上尾かきさん（仮名）のレポートを聞いたのがきっかけです。

　上尾さんは，現在は北九州市の中学校教員です。上尾さんは中学生時代に登校拒否をしていました。そして，家にいるときに『男はつらいよ』を1巻から順番に観ていたそうです。

　私はこのとき，分科会の共同研究者として次のような発言をしました。「『男はつらいよ』の寅さんを観ていると，心が癒され，なんとなく落ち着いた気分になるとともに，元気になる力も湧いてくるのでしょうね」と。

　私は，ここで「我が意を得たり」と思いました。寅さんこそ現在の登校拒否・ひきこもりの子ども・若者に必要なのではないかと。

　このように考えている中で，次に引用する富田の文章は，私の考えを大いに補強してくれています。

　≪「引きこもり」の孤独感をかかえ，来談する親子が，ともに"あこがれる"日本映画がある。『男はつらいよ』の世界である。映画のなかの，ケンカしても仲直りできる"濃密"な人間関係。それは「引きこもり」に苦悩する親子が求めながら得ることができなかった"理想郷"である（富田 2000：32）。≫

　『男はつらいよ』では，毎回毎回，柴又のだんご屋のメンバーたちと寅さんがぶつかり合って喧嘩したり，本音をぶつけ合ったりして，ハラハラしながらも腹の底から笑え，映画を観た後はとてもスッキリした気分になれる映画です。

　現在の日本の社会は，新自由主義社会で格差が広がるとともに，社会の"溜め"[註29]もなくなりました。そして，人間関係もギスギスした関係が広がり，余裕のない社会です。本書でも詳しくふれてきたように，このような社会で登校拒否が激増し，ひきこもりが115万人にもなると予想され，大きな社会問題の一つになってきました。

　ですから，このような社会で失われた"濃密な"人間関係を求めて，富田の言

うように，登校拒否・ひきこもりの親子は共通して『男はつらいよ』と寅さんに憧れるのでしょう。

『男はつらいよ』は，私の周りでも大人気です。先日の組合の忘年会では，この冬に公開される『男はつらいよ』第50作の話で大いに盛り上がりました。そして，最後に，参加者一同で『男はつらいよ』の主題歌を歌って気持ちよく終わりました[註30)]。

さて，『男はつらいよ』第50作を，早速初日に観てきました。期待通りの作品で，涙あり笑いありの映画で，これまでの作品にも増して，とても素晴らしい作品でした。

なお，この作品について山田監督は，次のように述べています。

　　久しぶりにあった二人の間に，ラブロマンスが再燃しますが，お互い家庭を持つ身で，その愛を育てるわけにはいかない。そういう苦しみを抱きつつ，結局別れていく。これが主軸になっています。

　　そんなとき満男が何かにつけ，思い出すのは寅さんのこと。寅というおじさんから学んだいろんなことです。

　　親というものは，どうしても既成の価値観を子供に押し付けてしまう。思春期の感じやすい年頃の満男の，その価値観に風穴を開けてくれたのが寅さんという存在でした。それでどんなに満男は救われたかわからない。

　　漫画化されて大ヒットした吉野源三郎さんの『君達はどう生きるか』に登場するのも，まさしくおじさんです。子どもの生育期にはそういうおじさんみたいな人が必要なのだ，と思うような映画になればいいと思います（『しんぶん赤旗日曜版』2019年12月29日・1月5日合併号）。

まさに私も，思春期において親からの期待に応えようとして苦しむ「よい子」の問題を，本書では中心的に扱ってきました。ですから，山田監督が述べるおじさんという，いわば斜めの関係の人間の存在が思春期の「よい子」の自分くずしと自分つくりにとても必要だと思います[註31)]。

私は，登校拒否・ひきこもり問題を真正面から扱った『十五才 学校Ⅳ』を始め，『男はつらいよ』などの映画は，是非，登校拒否・ひきこもりの当事者や親に観

ていただきたいと思います。

　また，『母べえ』や『母と暮せば』なども，今日の戦争前夜を思わせる日本の状況を踏まえるならば，是非多くの人に観てほしいと思います。

補論Ⅱ　ひきこもりの比較研究

　ひきこもり問題は日本だけの問題なのでしょうか。確かに『オックスフォード英語辞典』などにおいても「hikikomori」と表記され，ひきこもりや過労死などは日本独特の現象であるという通説があります。しかし，ここ10年ぐらいの，特に医学分野での研究の積み重ねで，韓国をはじめアジアの一部の国や，欧米を中心とする諸外国にも，ひきこもりがある程度存在することが少しずつわかってきました。

　ここでは，精神医学界の近年の研究動向を紹介しながら，ひきこもりの比較研究の手がかりを得たいと思います。

　まず，日本精神神経学会の『精神神経学雑誌 第114巻』に「ひきこもりの国際比 ― 欧米と日本 ―」という特集が載っています。

　ここには，以下の報告が掲載されています。

　①古橋忠晃「フランスの『ひきこもり』と医療制度について」

　②鈴木國文「日本のひきこもり，ヨーロッパのひきこもり ― イタリアとフランスの現状に触れて ―」

　③照山絢子「アメリカから見た日本の『ひきこもり』」

　この内容は，①については，次の通りです。

　まず，ドイツでは，ひきこもりは基本的に問題になっていない代わりに，インターネット依存が青年，とりわけ大学生に多く見られ，深刻な問題になっています。また，フランスではひきこもりへの関心が高く，ひきこもりの定義も日本のそれと大体同じですが，ひきこもり期間が3ヶ月と日本より短いのが特徴です。さらに日本とは違い，フランスでは心理的挫折のために社会から大きく逸脱し，薬物依存や非行に走るタイプが多いようです。ドイツと同じくインターネットへの依存も見られます。

　②については，次の通りです。

イタリアでもひきこもりが問題となりはじめ，日本と同様に男性の方が女性より多く，ほとんどが18歳以下の若者だそうです。また，やはりインターネットへの依存が問題となっています。

フランスのひきこもりは，一人暮らしができていたり，ガールフレンドをつくるなどのアクティビティは高いけれど，短期的・周期的なひきこもりを繰り返す事例が多く，「鬱病」や「不安障害」に近いものと考えられています。

さらに全体として，日本のひきこもりが高学歴の中流家庭に少なくないのに比べて，ヨーロッパでは社会の辺縁部の事例（移民家族など）が多いように見えたとのことです。

③については，次の通りです。

まず，『ニューヨークタイムズマガジン』の記事が紹介され，ひきこもりはおおむね日本特有の現象であり，ひきこもりが特に男性に多いのは，社会的に成功しなければならないというプレッシャーが強いことを原因にあげています。さらに労働市場におけるスキルのミスマッチをあげ，問題解決能力やコミュニケーション能力が求められているのに，学歴ばかり優先され，本当に必要なスキルが学生に与えられていないと分析しています。

また，ひきこもりは抵抗の一形態であり，海外なら，ギャングやホームレス，薬物依存の形をとるが，日本では無言の抵抗の形をとる，とまとめられていました。

次いで，臨床精神科医学会の『臨床精神科医学 44巻12号』にも以下の論文が掲載されました。

①加藤隆弘 ほか「社会的ひきこもりに関する日本，米国，韓国，インドでの国
　際共同調査の紹介」
②古橋忠晃「フランスと日本のひきこもり比較共同研究」
③斎藤環「『ひきこもり』をめぐる最近の動向」

私は，この三本の論文を直接見られませんでしたので，ここでは孫引きですが，③について，藤本の指摘を引用しておきます。

《古い伝統をもつ日本精神神経学会の第107回（2011年）シンポジウムで「ひきこもりの国際比較 — 欧米と日本」がもたれ，先進国中で日本，韓国以外でも親との同居率が70%以上のイタリア，スペインで，社会問題化しつつあり，米英では「若者ホームレス」が増えていることが明らかになった（斎藤

2015 : 35）。≫

それでは，欧米を含むひきこもりの出現の背景にはどのような問題があるで
しょうか。

藤本は，次のように述べています。

≪日本特有かと言われると，韓国でも同じ程度"ひきこもり"が問題になって
いると考えられます。ひきこもりが社会問題化されていない欧米に比べ，両国
の共通性を考えると，家族の民主化の遅れ，教育格差が社会格差となる，個を
大切にしないなどの封建制，情報化，ブランド主義，いわば「近代化」を急ぎ
過ぎたことと関わっていると言えないでしょうか（藤本ほか 2017 : 170）。≫

また，斎藤の研究にも依拠しながら，関水は次のように述べます。

≪日本以外の社会であっても，孤立した近代化族と脆弱な福祉国家という条
件が組み合わさったところに，企業福祉への包摂の縮小という条件が重なれ
ば，家族による生活保証の問題としての「ひきこもり」問題は生じやすくなる。
福祉国家による国民へのサポートが限定的であるほど，家族で対処すべきとみ
なされる家族成員の生活保障をめぐる問題は無限定的となる。家族が無限定的
な生活保障を担う社会において，ひとたび企業（商品化）による生活保障に包
摂されない人びとが増加すれば，家族はその人びとを包摂し，その生活保障を
担うしかない。

　現にヨーロッパの国々でも，家族主義的福祉レジームが顕著な国々では家族
にとっての「ひきこもり」問題は生じている。たとえば，ヨーロッパのなかで
家族主義が顕著な国々として，遅れて産業化が進んだ南ヨーロッパの諸国（イ
タリア，スペイン，ポルトガル）がある（関水 2016 : 153）。≫

以上の比較研究をまとめると，時代が変化するとともに，あるいは研究が進む
につれ，ひきこもりは日本ばかりではなく，韓国や欧米（特にイタリアやスペイ
ン，フランスなど）でも存在することがわかってきました。

それらの国々では，第一に国家による福祉政策の遅れ，あるいは逆行により，
家族が福祉機能を抱え込まざるを得ないこと，すなわち「家族主義的な福祉レ
ジーム」の問題，第二に教育における格差が社会格差につながるという問題など
が，共通してひきこもり発生の背景にあることが少しずつわかってきています。

しかし，ひきこもりの本格的な比較研究は，これからだと思います。私も，先

行研究に批判的に学びながら，まずは韓国との登校拒否・ひきこもり比較研究を手掛かりに始めたいと思います。

◆註

註1) 保坂亨『学校を欠席する子どもたち 長期欠席・不登校から学校教育を考える』東京大学出版会，2000，p17参照。

註2) 加藤美帆『不登校のポリティクス 社会統制と国家・学校・家族』勁草書房，2012，p.91参照。

註3) 同上，p.124参照。

註4) 稲村博『不登校の研究』新曜社，1994参照。

註5) 朝倉景樹『登校拒否のエスノグラフィー』彩流社，1995，p.47参照。

註6)「戸塚ヨットスクール」については，拙論「登校拒否・不登校問題の30年」東京電機大学総合文化研究編集委員会 編『東京電機大学総合文化研究 第10号』同学刊，2012参照。石原慎太郎の「スパルタ教育」の批判は，拙著『増補・いじめ — その本質と克服の道すじ —』創風社，2003参照。石原慎太郎論については，斉藤貴男『空疎な小皇帝 —「石原慎太郎」という問題 —』岩波書店，2003参照。なお，現在も存在する「戸塚宏を支援する会」の会長は，石原慎太郎です。

註7) 奥地圭子「学校とはなにか，子育てとはなにかを問われて」渡辺位 編著『登校拒否・学校に行かないで生きる』太郎次郎社，1983参照。

註8) 斎藤は，≪「今の教育制度においては，まともな感受性を持つ子なら不登校にならないはずがない，不登校こそが子どものあるべき姿」といった，ほとんど全面賛美に近いような擁護にも問題がないとは言えません。この立場は，不登校児に肩入れしすぎるあまり，しばしばある種の鈍感さの原因となりやすい。また不登校児の問題を政治的な問題に重ねすぎるため，治療的な視点が締め出されてしまいがちです。『不登校は病気じゃない』というスローガンがその典型です。…つまり不登校児を賛美しすぎることは，ことなったかたちでの差別化につながってしまうのではないでしょうか。私はそれをおそれます。見事に自立し，社会参加を果たした不登校児の「エリート」たちのかげには，焦りを感じつつも社会に踏み出すことのできない，膨大な数のもと不登校児たちがいるような気がします(斎藤1998:36-37)。≫と述べ，奥地らを批判しています。

註9) 前掲註5，pp.73-74参照。

註10) 関水徹平『「ひきこもり」経験の社会学』左右社，2016，pp.181-182参照。

註11) 年30日以上学校に行かない子どもが，「学校ぎらい」から「不登校」という名称に変わったことにより，教員にとって，よりカウントしやすい心情を醸し出したと思われます。

註12) 青砥恭『ドキュメント高校中退 ― いま，貧困がうまれる場所』筑摩書房，2009参照。

註13) 内閣府『若者の意識に関する調査（高等学校中途退学者の意識に関する調査）報告書』2011年3月参照。

註14) 秋山吉則「通信制高校への転入学の実態」日本通信教育学会『平成27年度 研究論集』同会刊，2016／内閣府『若者の意識に関する調査（ひきこもりに関する実態調査）報告書』2010年7月参照。

註15) 退学理由については，文科省『学生の中途退学や休学等の状況について』2014年9月25日，大学中退後の進路については，労働政策研究・研修機構『大都市の若者の就業行動と意識の

展開 ―「第3回 若者のワークスタイル調査」から ― 』2012年3月30日参照。

註16）厚労省『若者の未来のキャリアを育むために〜若年者キャリア支援政策の展開〜（若年者キャリア支援研究会報告書）』2003年9月参照。

註17）総務省『平成30年 労働力調査年報』2019年5月31日参照。

註18）村澤和多里「『ひきこもり』についての理解と支援の新たなる枠組みをめぐって：心理 ― 社会的な視点からの探求」『北海道大学博士論文』2017参照。

註19）この貴戸の批判に対し，加藤は，≪不登校に対する病理としての解釈を脱構築してきた社会運動を無力化する主張も含んでいたと言える。「選択」というロジックを問うのなら批判すべき対象は，教育改革の正当性をつくっていったニューライトによる支配的言説である（加藤 2012：72）。≫と批判します。

註20）藤本文朗 ほか編著『何度でもやりなおせる ひきこもり支援の実践と研究の今』クリエイツかもがわ，2017，pp.163-164参照。

註21）前掲，註16参照。

註22）乾彰夫 編著『不安定を生きる若者たち 日英比較 フリーター・ニート・失業』大月書店，2006参照。

註23）登校拒否の原因については，ほかに「発達障がい」や虐待の問題もあげています。

註24）NPO法人 KHJ全国ひきこもり家族会連合会『長期高年齢化したひきこもり者とその家族への効果的な支援及び長期高年齢化に至るプロセス調査・研究事業 報告書』2017年3月／中日新聞東京本社『東京新聞（2017年9月25日号）』同社刊，2017参照。

註25）ひきこもりというと，自室や家からほとんど出ないと思っている向きもあると思いますが，意外に必要に応じて家から外出していることは注目して良いと思います。また，一説には，ひきこもりにおける選挙の投票率がひきこもり以外に比べてかなり高いという人もいます（例：斎藤）。

註26）小田桐誠「『引きこもり』報道への注文」メディア総合研究所『放送レポート』2019年9月号。

註27）日本のマスコミの自由度は，「国境なき記者団（RSF）」によると，世界180ヶ国中2010年は11位だったが，安倍政権になってから下がり続け2019年は67位で先進国中最低です。

註28）現在の安倍政権の言論統制を批判した書物はいくつか目にしますが，代表的なものとして次のものをあげておきます。「週間金曜日」編『安倍政治と言論統制』金曜日，2016／斎藤貴男『驕る権力，煽るメディア』新日本出版社，2019／マーティン・ファクラー『安倍政権にひれ伏す日本のメディア』双葉社，2016。

註29）湯浅誠『反貧困 ―「すべり台社会」からの脱出』岩波書店，2008参照。

註30）『男はつらいよ』あるいは寅さんに関する著書は，私が読んだだけでも以下のようなものがあります。
1. 井上ひさし 監修『寅さん大全』筑摩書房，1993
2. 吉村英夫『ヘタな人生論より「寅さん」のひと言 人間にとって本当に大切なものって，なんだろう？』河出書房新社，2008
3. 福田陽一郎『渥美清の肘突き 人生ほど素敵なショーはない』岩波書店，2008
4. 山本晋也，渡辺俊雄『寅さん，あなたが愛される理由』講談社，2012
5. 山田洋次『悪童（ワルガキ）小説 寅次郎の告白』講談社，2018
6. 渥美清『新装版 渥美清 わがフーテン人生』毎日新聞出版，2019

7. 山田洋次，朝間義隆『男はつらいよ 寅さんの人生語録 改』PHP研究所，2019

8. 佐藤利明『みんなの寅さん from 1969』アルファベータブックス，2019

註31）いじめ問題の解決における地域のおじさんという斜めの関係については，梅田俊作・佳子の『しらんぷり』参照。この点について，詳しくは，拙著『新版・おとなのための絵本の世界』創風社，2016，pp.175-178参照。

終 章 登校拒否・ひきこもり問題解決の道筋

はじめに

　本章では，これまでの叙述を受け，登校拒否・ひきこもり問題解決の道筋について論じたいと思います。まず社会的な面について，次いで制度的な面について，さらに登校拒否・ひきこもり当事者の回復の面に視点を当てます。

第1節　社会的な側面 ― 新自由主義社会をどう変えるか

　社会学者の石川良子は，ひきこもり問題の解決に即して次のように述べています。

　　≪ひきこもっている人々を社会に「適合」させるのではなく，私たち全ての生を充実させてくれるような社会を構想していくことが，進むべき方向ではないだろうか。まずは当事者の経験を理解することで，"かれら"と"私たち"が共有するものを見出し，そのうえで「ひきこもり」を排除させるような社会の構造や，価値規範を徐々に見直すことから始めるしかない（石川 2007:244）。≫

　ここでは，石川の指摘にも学びながら，今日の日本社会＝新自由主義社会のどのような点を見直し，同時にどのような社会を構想していくのかについて論じたいと思います。

　第4章でふれたように，1990年代半ば以降，日本は新自由主義の矛盾が社会の中に広がってきました[註1]。それは，次の五つの側面でとらえられると思います。

　第一に，便利・効率・スピードを原理とする社会生活が進み，地球環境問題（地

球の温暖化，プラスチックごみ，および核のごみ問題など）その他，諸問題が引き起こされたこと。

　第二に，格差＝貧困が進み，富の偏在や貧困問題が進行したこと。

　そして，第三に，「競争と管理」の社会制度や教育制度が進行するとともに「排除型社会」が進み，教育においては，いじめ，登校拒否，自死などの激増および多発を生み，社会においてはひきこもりの増加を招いたこと，などです。

　さらに，第四に，社会の水位が低下したことにより，いわば社会に"溜め"がなくなり，そのことがひきこもりや「発達障害」の増加を生んでいる可能性があること。

　最後に，近年の内閣府や経産省などの提言に見られるようにSociety 5.0の名の下に，教育の市場化・民営化がより一層進んだこと，です。

　このような，あまりにも問題が多い新自由主義社会を変えるには，まず政治のあり方を変えなければなりません。しかし同時に，そのために私たちはどのような社会をイメージするのか，という"対案"を持たなければ説得力がありません。

　この"対案"について，私はひとまず見田宗介の『現代社会はどこに向かうか―高原の見晴らしを切り開くこと』に学び提示したいと思います。

　見田は，新しい社会像へ至る公準として，

　　《第一にpositive。肯定的であること。第二にdiverse。多様であること。第三にconsummatory。現在を楽しむ，ということ（見田 2018：153-154）。》

をあげています。そして，このような三つの公準を，

　　《統合し，具体化したイメージの一つを提起するならば，〈胚芽をつくる〉ということである。新しい世界の胚芽となるすてきな集団，すてきな関係のネットワークを，さまざまな場所で，さまざまな仕方で，いたるところに発芽させ，増殖し，ゆるやかに連合する，ということである（同上：155）。》

と述べます。

　私は，このような胚芽は現在，日本の至る所に発芽していると思います。教育の分野では，登校拒否・ひきこもりについては「親の会」や「居場所」，貧困な子どもの学習支援の大きな広がりとしての「無料塾」，あるいは，「子ども食堂」の爆発的な広がりなど[註2]，政治の分野では，「九条の会」[註3]や「市民と野党の共闘」の大きな広がりなどがあります。

同時に，以上の胚芽がそれぞれネットワークを豊かに形成していることが重要です。

　また，第2章でふれた上山和樹や旭爪あかねらの登校拒否・ひきこもり当事者が，希望の"芽"であると述べていた点も思い起こす必要があります（本書59頁）。

　このような，日本社会の至るところに発芽している＜胚芽＞を育て，当面は，「福祉国家構想」^{註4)}の具体化を目指す必要があるでしょう。

第2節 | 登校拒否・ひきこもり問題解決の道筋 — 制度面について

1　登校拒否・ひきこもり問題発生の根本的原因にメスを入れる

　これまで，政府・文科省は，急増する登校拒否の児童生徒に伴う問題の深まりに対し，第一に，常に後追い的にSCやSSWを設置するなどの弥縫策を講じるか，「教育支援シート」の設定や「教育支援センター」の設置など，登校拒否の児童生徒の学校復帰を迫り，さらに管理する投網をかける対策を行ってきました。

　また，第二に，『多様な教育機会確保法案』および『教育機会確保法』に見られるように，登校拒否問題を悪用し，積年の政策課題を実現しようとしています。

　そこには，登校拒否の児童生徒とその親に寄り添うという姿勢はほとんど見られません。また，登校拒否が多発するその原因に迫るという姿勢もほぼ皆無です。

　なぜそのような姿勢が生まれるかというと，登校拒否が多発する原因に迫ると，自らのこれまでと今日の教育政策が厳しく問われかねないからです。

　このような意味で，私たちは登校拒否の発生の根本的原因に迫りつつ，その原因の除去に努力する必要があります。

　また，ひきこもり問題についても問題発生の原因にはメスを入れずに，「地域若者サポートステーション」に典型的なように，ひきこもりの若者の自立＝就労と位置付け，しかも，その財政支援は「数値目標」で迫るという構図であり，二重の意味で問題を含んだものでした。

　私たちの目指す「自立」とは，これまで述べてきたように，既存のシステムに戻る，すなわち登校拒否なら「学校復帰する」，ひきこもりなら「就労する」ということだけを目的とするものではありません。基本的に親や身近な友人達を中心

とした「受容的共感的他者」に支えられながら，まずは，「自己肯定感」という「浮き袋」を膨らませる，あるいは，「自己同一性の危機」[註5)]を乗り越えることが，「自立」への確かな一歩となるでしょう。この一歩は，ここで述べている，制度面などの改善抜きにはあり得ないでしょう。

2 「競争と管理」が進む学校をどう変えるか

2013年の『いじめ防止対策推進法』の制定に次いで，2016年に『教育機会確保法』が制定されたのは，いじめ問題と同様に，登校拒否問題も法で対応しなければならないほど，問題が顕在化してきたからです。

しかし，いじめ防対法も教育機会確保法も，問題発生の原因にメスを入れないその場しのぎの一時的なものです。それでは，いじめも登校拒否もはたまた，子どもの校内暴力や自死も増えこそすれ，決して減少せず，問題の解決には向かわないと思います。

第1章でふれた今日の学校において，ストレスを生む原因の中心である学力テスト上位を目指す競争は，全国でますます激化しています。そして，その結果，子どもたちを苦しめ，教師も苦しめています。

このような学力テスト体制から，子どもや教師たちを解放するためにも，一刻も早く「全国一斉学力テスト」をまず廃止し[註6)]，10年に一度の抽出テストにする必要があります。

また，今やOECD諸国でも稀になった高校入試も廃止する必要があるでしょう[註7)]。

3 「親の会」と「居場所」づくりの実践および運動をさらに発展させる

登校拒否の「親の会」は，1980年代半ば以降に発足し発展してきました。親の会の代表的な全国組織である「登校拒否・不登校問題全国連絡会」(以下：全国連)は，結成以来20年以上が経過しています。また，全国連に参加しない親の会も含め，全国には何百もの親の会が存在します。この親の会の実践および，現在全国各地で進められている「居場所」づくりの実践を，交流しながらさらに発展させることも大切な課題の一つです。

親の会は一般的に三つの役割を持っていると言われます。

第一は，登校拒否の子を持つ親が集い悩みを語り合う中で，親自身が癒されていくという基本的な役割です。

　第二に，第一の役割がそれまでの母親および父親，あるいは夫婦や家族のあり方を問い直す役割へとつながっていくという点です。

　第三に，第一および第二の役割の延長線上に，今日の登校拒否を生み出す教育や社会のあり方を問い直し，変革を目指す実践や運動を生み出すという役割です。

　この点，全国連では現在，『25年の歩み（仮称）』編集が進められていますが，全国連ばかりではなく，全国各地の親の会も歴史を振り返りつつ，激増する登校拒否に対応する組織の大きな発展が求められています。

　この点で，私も所属する「不登校・ひきこもりを考える埼玉県連絡会」（以下：埼玉県連）の実践にも学ぶ点があります。

　埼玉県連では，だいぶ前から県教委と協力して年2回「不登校セミナー」を開催しています。このセミナーは，県下の地教委を通じて各学校に連絡が行き，保護者ばかりではなく，少なくない教員も参加してともに学びあう，全国的にも珍しい取り組みです。加えて，県教委とも毎年「話し合い」を持っています。

　また，全国の登校拒否の子どもの居場所づくりにも学び，さらに発展させることが必要になっています。現在，文科省は「教育支援センター」を整備し，登校拒否問題解決の中心に据えようとしています（第4章参照）。

　しかし，この教育支援センターは，旧名が「適応指導教室」であったことにも表れているように，「学校復帰」が前提の組織です。

　そこで，私たちは学校復帰を前提とせず，登校拒否の子どもたちが心身ともに安心できる居場所づくりを進めていく必要があると思います。

　この点で，栃木県高根沢町の「ひよこの家」や，長崎県佐世保市の「ふきのとう」，さらには富山県射水市の「ほっとスマイル」などの実践に学ぶ必要があります[註8]。

　また，ひきこもり問題も同様です。親の会であるKHJや居場所などをさらに発展させつつ，当事者の出会いと交流の場を全国至るところに作っていく必要があると思います。

　この点で，「全国若者・ひきこもり協同実践交流会」は，特にひきこもりの若者とその支援者にとって，とても重要な取り組みの一つです。

　今後は，どちらかというとひきこもりの若者に重点を当てた上記の取り組み

と，中高年のひきこもりも対象に据えている KHJ の取り組みを交流させながら，ひきこもり問題を解決に向かわせる必要があると思います[註9]。

4 「登校拒否の子どもの生存と発達の回復に関する基本法」と「ひきこもり支援法」の制定

この点は，世取山洋介の指摘に学ぶ必要があります。世取山は，『教育機会確保法』の登校拒否対策の部分性を克服し，登校拒否の子どもの要求に全面的に応答するために「登校拒否の子どもの生存と発達の回復に関する基本法」の制定を呼びかけています[註10]。

また，村澤和多里は「ひきこもり支援法（仮称）」の制定を呼びかけています。特に，このひきこもり支援法（仮称）の制定は急務だと思います。ひきこもり問題が，長期高齢化し，「8050」問題などが顕在化する中で，前述の福祉国家構想研究会などの研究の蓄積に学びながら，研究者や親および当事者が，研究会などを作り，法の制定に向けて動き出す必要があると思います。

第3節 ┃ 登校拒否・ひきこもり当事者の問題と関わって

今日，登校拒否・ひきこもり当事者を支援する実践や運動においては，大きく分けて二つの流れが存在すると思います。

一つは，ひきこもりの「サポステ」に顕著ですが，どちらかというと政策側の「自立」＝「就労」という枠に足元をすくわれて，ひきこもり者の「就労」を自己目的化する考えです。これは，登校拒否における『馳座長試案』とそれに同調する東京シューレの奥地圭子らに見られるように，「個別学習計画」に基づき，「ゆっくり休む」ことより，学習を優先する立場と似ています。また，Society 5.0 とそれに基づく登校拒否政策に顕著なように，教育や登校拒否の子どもを企業の儲けの対象とする動きもあります。

このような流れに対し，村澤は次のように批判しています。

≪ひきこもりの若者たちは「いじめ被害」や「不登校」などによって思春期の友人関係を奪われ，またその後も傷つけられることを恐れるために友人を得ることができないままで生きてきた。このような若者たちに，コミュニケーショ

ン能力の向上を強い，社会適応を強制することは，基礎体力のない人に「気力で頑張れ」と強いるようなものである（村澤 2017：203）。≫

また，同様に，石川も次のように批判します。

≪ひきこもっている人々を〈社会参加〉させるべく強制的に介入するような支援は，彼／彼女らを矯正の対象とすることによって，「ひきこもり」を排除することを迫る社会のあり方を温存させることにつながる（石川 2007：244）。≫

私は，第1章で，ひきこもりをいじめ→登校拒否→ひきこもりという図式でとらえる考えを紹介しました。村澤も長年の参与観察などでこのとらえ方をしています。

また，高垣忠一郎は，ひきこもり概念を，

≪「ひきこもり」はまさに（思春期の：引用者註）「第二の誕生」に失敗し，途方にくれた状態なのだというわけです（高垣 2015：105）。≫

ととらえていましたが，このとらえ方は，私の図式と重なる部分があります。

そうすると，当事者に対する支援の課題は，登校拒否やひきこもる若者たちに学校化や社会化を迫るという支援観を転換し，まずは，思春期および青年期の発達課題をゆっくりと達成するということを重視する支援観に転換する必要があります。

思春期の発達課題の遂行については，心理学の分野では，「チャムグループ」での仲間づくり，青年期では「ピアグループ」での仲間づくりが重要であることは一般的に言われています。

この点，石川および村澤の研究などでも，当事者の居場所やピアグループにおける活動が重要であることが実証されています。

居場所などでの仲間との付き合いの中で，登校拒否・ひきこもりの若者たちは，「役に立つ」あるいは「学校や社会に適応する」という価値観（＝人材観）から解放され，高垣も主張するように「自分が自分であって大丈夫」，「自分のありのままを丸ごと肯定する感覚」すなわち，「自己肯定感」を育てていくのではないでしょうか。そして，同世代の仲間の中で，新しい自分を創り出す確かな一歩を踏み出すのではないでしょうか。

また，第2章でもふれたように（本書49頁），登校拒否やひきこもりの子ども・若者は，学校や社会に対し，批判意識が強い傾向があります。今日，一般的に日

本の若者は選挙の投票率が低く，政治に対する関心も低いと言われます。そのような中で，今日の政治等に対しても批判意識が相対的に強い登校拒否・ひきこもりの若者が，ほかの若者とともに，日本の政治変革の主体者にどうしたらなれるのかという課題は，重要な理論的・実践的課題の一つだと思います[註11]。

　なお，登校拒否・ひきこもりの当事者が，上で述べた社会の変革主体に成長する上では，まず「自己肯定感」を回復することが必要です。また「二重の苦しみ」をどう理解するかについては，高垣の説明が参考になります。すなわち，高垣は次のように述べます。

　　≪人間が変わっていくときの共通の心の動きがあります。それは古い自分を一旦壊して新しい自分を生み出していくプロセスです。それはいのち・こころの全体性を回復していくプロセスです。それを促進する方法が「受容」です。そのプロセスを荒っぽく図式化すれば次のようです。「よい子」の自分→「わるい子」の自分→「よい子」の自分と「わるい子」の自分を統合した，より大きな自分（いのち・こころの全体性の回復）。正・反・合の弁証法です（高垣2015：198）。≫

　あるいは，「自己肯定感」を回復するプロセスについては，広木克行の参議院における意見陳述が参考になります[註12]。

　最後に，登校拒否・ひきこもり問題の解決には，憲法の理念が完全に実施される社会を目指すことが必要です。憲法の諸条項の中では，特に憲法第9条（戦争の放棄，戦力の不保持，交戦権の否認），第13条（個人の尊重，生命・自由・幸福追求の権利の尊重），そして第25条（生存権，国の生存権保障義務）と第26条（教育を受ける権利，教育を受けさせる義務，義務教育の無償）の諸条項の完全な実現が国民的な課題だということを強調しておきます[註13]。

◆註
註1）新自由主義社会とは，「強いものはより強く，弱いものはより弱い」，「金がある人には自由があるが，ない人にはそれがない」，「その人々も自己責任のみ問われる」社会であると藤本文朗は喝破しています（藤本文朗ほか『何度でもやりなおせる ひきこもり支援の実践と研究の今』クリエイツかもがわ，2017，p.166）。
　　新自由主義社会論については，次の二冊を紹介しておきます。デヴィット・ハーヴェイ『新自由主義 その歴史的展開と現在』作品社，2007／佐藤嘉幸『新自由主義と権力 フーコーから現在性の哲学へ』人文書院，2009。

註2) 子ども食堂は，この間瞬く間に全国で増え，約3千ヶ所を超えています（NPO法人 豊島
　　子ども WAKUWAKU ネットワーク 編『子ども食堂をつくろう! 人がつながる地域の居場所
　　づくり』明石書店，2016）。
　　　なお，子ども食堂は当初の貧困対策から，地域の居場所へ，さらに高齢者まで集う多世帯
　　型交流拠点へと進化していると言います（『東京新聞』2019年12月22日）。
　　　ただし，大切なことは子どもの貧困を，大人の貧困も含めて根本的に解決するために政府
　　の財政援助が必要だということです。政府は，子ども食堂への少額の補助と引き換えに，生
　　活保護費をかなり削っています。ですから，私たちは，このような矛盾をきちんと見抜いて
　　いかなくてはなりません。≪ボランティアによる子ども食堂や子どもへの学習支援が最優先
　　ではない。最優先で取り組むべきことは社会構造の変革である（今野・藤田編 2019:20）≫と
　　認識することが重要だと思います。
註3) 全国，海外に7,500を超えるまでに急速に広がった「九条の会」の運動が，なぜもたらさ
　　れたのかについては次の文献参照。飯田洋子『九条の会 新しいネットワークの形成と蘇生す
　　る社会運動』花伝社，2018／伊藤千尋『9条を活かす日本 15%が社会を変える』新日本出版社，
　　2018。なお，「九条の会」が広がるにつれ，国民の中での改憲賛成の割合が減り，改憲反対の
　　割合が増えています。
註4)「福祉国家構想研究会」（代表＝岡田知弘：京都大学名誉教授・後藤道夫：都留文科大学名
　　誉教授・二宮厚美：神戸大学名誉教授・渡辺治：一橋大学名誉教授。会員は約80名）の掲げ
　　る以下のような国家像（二宮厚美・福祉国家構想研究会 編『誰でも安心できる医療保障へ 皆
　　保険50年の岐路』大月書店，2011，p.x - xii）。
　　　第一の柱：憲法第二五条の謳う，人間の尊厳にふさわしい生活を営むことを保障する権利
　　　　を実現するために必要な雇用保障と社会保障の体系。
　　　第二の柱：そうした雇用と社会保障の体系を実現し福祉国家を運営する税・財政政策。
　　　第三の柱：政府の「新成長戦略」や復興構想会議の「提言」が示すような，大企業本位の経
　　　　済成長ではなく，農業，漁業，地場産業，福祉型公共事業，教育・医療・福祉領域の雇
　　　　用を中心とする地域社会と地域に根ざす産業主体の経済構想。
　　　第四の柱：国家責任を放棄して地方に構造改革を丸投げする，いわゆる「地域主権改革」に
　　　　対抗する福祉国家型の国と地方のあり方を示す対案。
　　　第五の柱：原発を廃止し原発に代わる自然エネルギーを中心としたエネルギー政策。
　　　第六の柱：日米軍事同盟を見直し安保条約を廃棄し，自衛隊を縮小し，憲法第九条を具体
　　　　化する安保・外交構想。
註5)「自己同一性の危機」については，山本耕平『ひきこもりつつ育つ 若者の発達危機と解き放
　　ちのソーシャルワーク』かもがわ出版，2009参照。
註6) 序章および第4章でもふれたように，安倍内閣が全国一斉学力テストの都道府県別順位を
　　発表し始めた2013年から，登校拒否が戦後第二の激増の時代を迎えたという点，また，安倍
　　内閣における教育予算は，OECDで対GDP比最下位である点を忘れてはならないと思いま
　　す。せめてOECD平均並みに教育予算を増やし，30人学級の実現，幼児教育から高等教育ま
　　での無償化，教員の大幅増，保育士や教員の賃金の大幅増などの実現は急務です。
註7) 高校入試廃止という考えは，教育学関係者ではまだ合意を得てはいないと思います。ただ
　　私は25年前から，この高校入試廃止という考えを主張してきました（『いじめ — その本質と

克服の道すじ ー』創風社，1995）。現在日本の高校進学率は約99％で，ほとんど100％に近くなっています。日本が9年の義務制になってから70年以上経過し，その間に世界の先進国のほとんどの国は，12年以上の義務制に移行しています。中には，14 〜 15年間の義務制となっている国もあります。また，OECD諸国で高校入試のある国は，今やわずか3ヶ国だそうです。15の春を泣かせ，思春期真っ盛りの中学校生活を受験競争と塾通いで疲弊させる高校入試は，なるべく早く廃止するべきだと思います。

　なお，元文部科学事務次官の前川喜平も私と同じ主張をしています（前川喜平・寺脇研『これからの日本，これからの教育』筑摩書房，2017参照）。

註8）「ひよこの家」の実践については，小田桐誠「どこまでも子ども目線で ー ひよこの家の12年」全国登校拒否・不登校問題研究会『登校拒否・不登校問題のこれからを考えよう』生活ジャーナル，2017参照。「ふきのとう」の実践については，小田桐誠「自分を見つめ直す寄り添い場所 ー「ふきのとう」の30年」，「ほっとスマイル」の実践については，明橋大二「射水市子どもの権利支援センター（ほっとスマイル）の取り組み」ともに全国登校拒否・不登校問題研究会『登校拒否・不登校問題のこれからを考えよう その2』生活ジャーナル，2018参照。

註9）境泉洋『地域におけるひきこもり支援ガイドブック 長期高年齢化による生活困窮を防ぐ』金剛出版，2017は，長期高齢者のひきこもり支援を考える上での好著です。

註10）世取山洋介「『義務教育段階における普通教育に相当する教育の機会の確保等に関する法律』の再検討」全国登校拒否・不登校問題研究会編『登校拒否・不登校問題のこれからを考えよう その2』生活ジャーナル，2018参照。

註11）この点については，以下の文献参照。中西新太郎『若者は社会を変えられるか？』かもがわ出版，2019／今野晴貴・藤田孝典編著『闘わなければ社会は壊れる〈対決と創造〉の労働・福祉運動論』岩波書店，2019／佐貫浩『学力・人格と教育実践 変革的な主体性をはぐくむ』大月書店，2019／木下ちがや『「社会を変えよう」といわれたら』大月書店，2019。

註12）本書第3章の註15参照。

註13）この点については，以下の文献参照。渡辺治『憲法9条と25条・その力と可能性』かもがわ出版，2009／堀尾輝久『人権としての教育』岩波書店，2019。

おわりに

　本書を締めくくるにあたり，本書を世に問う意味と意義について述べておきたいと思います。

　私は，40年にもおよぶ大学教員生活を通して，約25年にわたり登校拒否・ひきこもりの研究を行ってきました。

　多くの学生とじっくり付き合い学び合う中で，学生が共通して「よい子」でいることの苦しさを抱いていることを痛感してきました。また，1980年代半ば以降の日本の新自由主義社会の進行の中で，この「よい子」の問題と関連して，子ども・若者の中に登校拒否，ひきこもり，いじめ，非行，自死，摂食障害，そして，宗教熱などの諸問題が発生していることに気付き，深く考えてきました。

　私は，この間特に，登校拒否・ひきこもり問題やいじめ問題に関心を集中させ，問題の解決を願い，著書も何冊か執筆し，世に問うてきました。

　近年，特に今年に入り，政府の調査が発表されたこと，ひきこもりをめぐる二つの事件が起こったことなどにより（第4章で詳述），社会的にひきこもり問題，とりわけ「8050」問題に対する関心が高まり，書籍も多数出版されています。

　しかし，このひきこもり問題と登校拒否激増との関連について論じた書籍および論文は，ほとんど存在しません。本書は，登校拒否激増とひきこもり問題顕在化の関連について論じた点に，まず，第一の重要な意味があると思います。

　また，その点を1980年代以降，日本の家族で支配的になった「教育家族」の中で生みだされてくる，「よい子」の問題に焦点を当てて考察しました。そして，「よい子」の視点から登校拒否・ひきこもり問題を考え，「よい子」の苦悩と自己形成のプロセスを当事者の手記等に学び明らかにしました。この点にも，ユニークな意味があると自負しています。

　同時に，今日の政府の「Society 5.0」政策との関連で登校拒否政策の問題点も明らかにするとともに，戦後の登校拒否・ひきこもりの歴史と理論をたどる中で，新しい理論的な課題も明示しました。

さらに，全体の考察に基づき，登校拒否・ひきこもり問題解決の道すじも明らかにしました。

　本書は，私の長年の研究の成果であるとともに一つの試論でもあります。是非多くの方が批判的に吟味され，意見を寄せてくださるようお願いいたします。

　なお，本書は，2019年度の学校法人東京電機大学学術振興基金より援助を受けて出版されました。感謝してお礼申し上げます。

　本書に関するご意見，ご感想は以下までお寄せいただけると幸いです。

yasuo5076@yahoo.co.jp

2020年3月

前島康男

＜初出一覧＞

はじめに　書き下ろし

序　　章　書き下ろし

第　1　章　書き下ろし

第　2　章　書き下ろし

第　3　章　「『教育機会確保法』の教育行政学」日本教育法学会『第49回定期総会』2019年6月1日／「現代日本社会における登校拒否・不登校問題 ― いくつかの重要な論点について ― 」全国日本学士会『ACADEMIA No.172』同会刊，2019をもとに加筆修正

第　4　章　「登校拒否・不登校問題の歴史と理論 ― 学校に行かない・行けない子どもの言説史 ― 」『東京電機大学総合文化研究 第14号』2016／「ひきこもる人とともに歩む（その1）― ひきこもり問題の歴史・現状と克服の道すじ ― 」，「ひきこもる人とともに歩む（その2）― ひきこもり問題の歴史・現状と克服の道すじ ― 」ともに『東京電機大学総合文化研究 第15号』2017をもとに加筆修正（全て東京電機大学総合文化研究編集委員会 編，同学刊）

補論Ⅰ・Ⅱ　書き下ろし

終　　　章　「新自由主義社会と登校拒否・ひきこもり問題 ― その歴史・理論と解決の道すじ ― 」東京電機大学総合文化研究編集委員会 編『東京電機大学総合文化研究 第17号』同学刊，2019をもとに加筆修正

おわりに　書き下ろし

文献一覧

1）NPO法人 KHJ全国ひきこもり家族会連合会『長期高年齢化したひきこもり者とその家族への効果的な支援及び長期高年齢化に至るプロセス調査・研究事業 報告書』2017年3月
2）NPO法人 KHJ全国ひきこもり家族会連合会『ひきこもりの実態に関するアンケート調査報告書 ～本人調査・家族調査・連携調査～』2019年3月
3）NPO法人 おおさか教育相談研究所『社会的ひきこもりから自立への歩み』同所刊，2018
4）NPO法人 豊島子どもWAKUWAKUネットワーク 編『子ども食堂をつくろう! 人がつながる地域の居場所づくり』明石書店，2016
5）WHO 世界精神保健調査『こころの健康についての疫学調査(世界精神保健日本調査)』2006年
6）青砥恭『ドキュメント高校中退――いま，貧困がうまれる場所』筑摩書房，2009
7）秋山吉則「通信制高校への転入学の実態」日本通信教育学会『平成27年度 研究論集』同会刊，2016
8）明橋大二「射水市子どもの権利支援センター(ほっとスマイル)の取り組み」全国登校拒否・不登校問題研究会『登校拒否・不登校問題のこれからを考えよう その2)』生活ジャーナル，2018
9）朝倉景樹『登校拒否のエスノグラフィー』彩流社，1995
10）浅野千恵『女はなぜやせようとするのか 摂食障害とジェンダー』勁草書房，1996
11）朝日新聞社『朝日新聞(1956年6月11日号)』同社刊，1956
12）朝日新聞社『朝日新聞(1988年9月16日夕刊)』同社刊，1988
13）朝日新聞出版『AERA(2019年6月17日号)』同社刊，2019
14）朝日新聞出版『週刊朝日(2019年6月13日号)』同社刊，2019
15）浅見直輝『居場所がほしい 不登校生だったボクの今』岩波書店，2018
16）芦沢茂喜『ひきこもりでいいみたい 私と彼らのものがたり』生活書院，2018
17）渥美清『新装版 渥美清 わがフーテン人生』毎日新聞出版，2019
18）雨宮処凛『生きさせろ! ――難民化する若者たち』太田出版，2007
19）飯田洋子『九条の会 新しいネットワークの形成と蘇生する社会運動』花伝社，2018
20）池上正樹『「引きこもり」生還記 支援の会活動報告』小学館，2001
21）池上正樹『ドキュメントひきこもり「長期化」と「高年齢化」の実態』宝島社，2013
22）池上正樹『ひきこもる女性たち』ベストセラーズ，2016
23）池上正樹『ルポ ひきこもり未満 レールから外れた人たち』集英社，2018
24）池上正樹『ルポ「8050問題」高齢親子"ひきこもり死"の現場から』河出書房新社，2019
25）石井守『ひきこもり・青年の出発』新日本出版社，2005
26）石川良子『ひきこもりの〈ゴール〉「就労」でもなく「対人関係」でもなく』青弓社，2007

27）石川良子 ほか編『ひきこもりと家族の社会学』世界思想社，2018

28）伊藤茂樹 編著『いじめ・不登校』日本図書センター，2007

29）伊藤千尋『9条を活かす日本 15％が社会を変える』新日本出版社，2018

30）稲村博『登校拒否の克服 続・思春期挫折症候群』新曜社，1988

31）稲村博『不登校の研究』新曜社，1994

32）乾彰夫 編著『不安定を生きる若者たち 日英比較 フリーター・ニート・失業』大月書店，2006

33）井上ひさし 監修『寅さん大全』筑摩書房，1993

34）井上文『制服のない青春』西日本新聞社，1994

35）今村久美（NPO カタリバ代表）「紙つぶて」『東京新聞（2019年11月28日夕刊）』中日新聞東京本社，2019

36）上山和樹『「ひきこもり」だった僕から』講談社，2001

37）内田喜久雄 編『登校拒否』金剛出版，1983

38）内田良子「登校拒否・不登校と『不登校対策法』をめぐって」日本社会臨床学会『社会臨床雑誌 第25巻第1号』同会刊，2017

39）梅田俊作・佳子『しらんぷり』ポプラ社，1997

40）江川紹子『私たちも不登校だった』文藝春秋，2001

41）江川紹子『「カルト」はすぐ隣に オウムに引き寄せられた若者たち』岩波書店，2019

42）大江正章『地域に希望あり まち・人・仕事を創る』岩波書店，2015

43）大阪教育文化センター『三訂版 登校拒否を克服する道すじ』NPO法人 おおさか教育相談研究所，2009

44）大谷ちひろ「登校拒否は自立への第一歩でした」教育科学研究会 編『教育 2010年5月号』国土社，2010

45）岡田知弘『公共サービスの産業化と地方自治「Society 5.0」戦略下の自治体・地域経済』自治体研究社，2019

46）尾木直樹『「よい子」が人を殺す なぜ「家庭内殺人」「無差別殺人」が続発するのか』青灯社，2008

47）荻野達史 ほか編著『「ひきこもり」への社会学的アプローチ メディア・当事者・支援活動』ミネルヴァ書房，2008

48）奥地圭子「学校とはなにか，子育てとはなにかを問われて」渡辺位 編著『登校拒否・学校に行かないで生きる』太郎次郎社，1983

49）奥地圭子『登校拒否は病気じゃない 私の体験的登校拒否論』教育史料出版会，1989

50）奥地圭子『東京シューレ 子どもとつくる20年の物語』東京シューレ出版，2005

51）奥地圭子『フリースクールが「教育」を変える』東京シューレ出版，2015

52）奥地圭子「『普通教育機会確保法〜3年で見直し』に向けて」文科省『不登校に関する調査研究協力者会議フリースクール等に関する検討会議合同会議（第19回）』2019年5月13日

53）小田桐誠「どこまでも子ども目線で ― ひよこの家の12年」全国登校拒否・不登校問題研究会『登校拒否・不登校問題のこれからを考えよう』生活ジャーナル，2017

54）小田桐誠「自分を見つめ直す寄り添い場所 ―「ふきのとう」の30年」全国登校拒否・不登校問題研究会『登校拒否・不登校問題のこれからを考えよう その2）』生活ジャーナル，2018

55）小田桐誠「『引きこもり』報道への注文」メディア総合研究所『放送レポート 2019年9月号（No.280）』大月書店，2019

56）小野昌彦『不登校ゼロの達成』明治図書出版，2006

57）偕成社創業50周年記念出版『世界の子どもたちシリーズ1〜36巻』偕成社，1986-1989

58）春日井敏之 ほか編『ひきこもる子ども・若者の思いと支援 自分を生きるために』三学出版，2016

59）勝山実「僕の中にまだいるんですかね『プチエリート』くんが」田辺裕『私がひきこもった理由』ブックマン社，2000

60）勝山実『ひきこもりカレンダー』文藝春秋，2001

61）勝山実『安心ひきこもりライフ』太田出版，2011

62）加藤美帆『不登校のポリティクス 社会統制と国家・学校・家族』勁草書房，2012

63）加藤美帆「フリースクールと公教育の葛藤とゆらぎ—教育機会確保法にみる再配分と承認—」日本教育学会『教育学研究 第85巻 第2号』同会刊，2018

64）門田隆将『オウム死刑囚 魂の遍歴 井上嘉浩 すべての罪はわが身にあり』PHP研究所，2018

65）川北稔『8050問題の深層「限界家族」をどう救うか』NHK出版，2019

66）喜多明人「子どもの学ぶ権利の行使と多様な学び法案」教育科学研究会『教育 No.843，2016年4月号』かもがわ出版，2016

67）喜多明人「不登校の子どもの支援と法案への合意形成の展望」教育と医学の会 編『教育と医学 2016年7月号（No.757）』慶應義塾大学出版会，2016

68）喜多明人「不登校の子どものための教育機会確保法 — その読み方」フリースクール全国ネットワーク ほか編『教育機会確保法の誕生』東京シューレ出版，2017

69）喜多明人「普通教育機会確保法の成立基盤と存在理由 — 前川喜平文部科学省事務次官の「学校外普通教育」法制復活論をふまえて」早稲田大学文学学術院教育学会『早稲田教育学研究 第9号』同会刊，2018

70）貴戸理恵『不登校は終わらない「選択」の物語から〈当事者〉の語りへ』新曜社，2004

71）木下ちがや『「社会を変えよう」といわれたら』大月書店，2019

72）教育再生会議『社会総がかりで教育再生を〜学校，家庭，地域，企業，団体，メディア，行政が一体となって，全ての子供のために公教育を再生する〜（第三次報告）』2007年12月25日

73）教育再生実行会議『高等学校教育と大学教育との接続・大学入学者選抜の在り方について（第四次提言）』2013年10月31日

74）教育再生実行会議『今後の学制等の在り方について（第五次提言）』2014年7月3日

75）教育再生実行会議『全ての子供たちの能力を伸ばし可能性を開花させる教育へ（第九次提言）』2016年5月20日

76）教育再生実行会議『技術の進展に応じた教育の革新，新時代に対応した高等学校改革について（第十一次提言）』2019年5月17日

77）工藤宏司「ゆれ動く『ひきこもり』—『問題化』の過程」荻野達史 ほか編著『「ひきこもり」への社会学的アプローチ メディア・当事者・支援活動』ミネルヴァ書房，2008

78）工藤宏司「『ひきこもり』と家族の関係史 — 言説とその変容」石川良子 ほか編『ひきこもりと家族の社会学』世界思想社，2018

79）工藤定次『おーい，ひきこもり そろそろ外へ出てみようぜ』ポット出版，1997

80）工藤定次，斎藤環『激論！ひきこもり』ポット出版，2001

81）工藤勇一『学校の「当たり前」をやめた。 生徒も教師も変わる！公立名門中学校長の改革』時事通信社，2018

82）久冨善之「教育社会学と教育実践との出会い — 教育の社会性と実践性との関連を追及して」教育科学研究会 編『戦後日本の教育と教育学』かもがわ出版，2014

83）倉石一郎「『教育機会確保』から「多様な」が消えたことの意味 — 形式主義と教育消費者の勝利という視角からの解釈 — 」日本教育学会『教育学研究 第85巻第2号』同会刊，2018

84）黒川祥子『8050問題 中高年ひきこもり，7つの家族の再生物語』集英社，2019

85）（公社）経済同友会『自ら学ぶ力を育てる初等・中等教育の実現に向けて〜将来を生き抜く力を身に付けるために〜』2019年4月3日

86）経産省『「50センチ革命×越境×試行錯誤」「STEAM（S）×個別最適化」「学びの生産性」（「未来の教室」と EdTech 研究会 第1次提言）』2018年6月

87）経産省『「未来の教室」ビジョン（「未来の教室」と EdTech 研究会 第2次提言）』2019年6月

88）（一社）経団連『21世紀を生き抜く次世代育成のための提言 —「多様性」「競争」「評価」を基本にさらなる改革の推進を —』2004年4月19日

89）（一社）経団連『これからの教育の方向性に関する提言』2005年1月18日

90）（一社）経団連『新たな経済社会の実現に向けて 〜「Society 5.0」の深化による経済社会の革新〜』2016年4月19日

91）（一社）経団連『Society 5.0 実現による日本再興 〜未来社会創造に向けた行動計画〜』2017年2月14日

92）（一社）経団連『第3期教育振興基本計画に向けた意見』2017年6月20日

93）（一社）経団連『Society 5.0 —ともに創造する未来 —』2018年11月13日

94）（一社）経団連『今後の我が国の大学改革のあり方に対する提言』2018年6月19日

95）小泉吉宏『コブタの気持ちもわかってよ』ベネッセコーポレーション，1997

96）厚労省『10代・20代を中心とした「ひきこもり」をめぐる地域精神保健活動のガイドライン』2003年5月

97）厚労省『若者の未来のキャリアを育むために〜若年者キャリア支援政策の展開〜（若年者キャリア支援研究会報告書）』2003年9月

98）厚労省『障害者自立支援法』2006年4月

99）厚労省『ひきこもりの評価・支援に関するガイドライン』2010年5月

100）厚労省『平成30年中における自殺の状況』2019年3月28日

101）厚労省『令和元年版 自殺対策白書』2019年7月16日

102）国立社会保障・人口問題研究所『現代日本の結婚と出産 — 第15回出生動向基本調査（独身者調査ならびに夫婦調査）報告書 —』2017年3月31日

103）国立社会保障・人口問題研究所『人口統計資料集2019』2019年1月31日

104）国連『児童の権利に関する条約（子どもの権利条約）』1989年11月20日

105）国連・子どもの権利委員会『第3回総括所見』2010年6月20日

106）子どもの権利条約市民・NGO報告書をつくる会『日本における子ども期の貧困化 — 新自由主義と新国家主義のもとで』同会刊，2018

107）小林正幸 ほか『教師のための不登校サポートマニュアル 不登校ゼロへの挑戦』明治図書出版，2005

108）児美川孝一郎「産業界・財界の欲望が教育に持ち込まれる — Society 5.0は何をもたらすのか」日本共産党中央委員会『前衛 2019年12月号』同会刊，2019

109）今野晴貴，藤田孝典 編『闘わなければ社会は壊れる〈対決と創造〉の労働・福祉運動論』岩波書店，2019

110）斎藤貴男『空疎な小皇帝「石原慎太郎」という問題』岩波書店，2003

111）斎藤貴男『騙る権力，煽るメディア』新日本出版社，2019

112）斎藤環『社会的ひきこもり 終わらない思春期』PHP研究所，1998

113）斎藤環 編『ひきこもる思春期』星和書店，2002

114）斎藤環『ひきこもり救出マニュアル』PHP研究所，2002

115）斎藤環『ひきこもり文化論』紀伊国屋書店，2003

116）斎藤環 ほか『ひきこもりのライフプラン「親亡き後」をどうするか』岩波書店，2012

117）斎藤環「『ひきこもり』をめぐる最近の動向」『臨床精神科医学』アークメディア，2015

118）境泉洋『地域におけるひきこもり支援ガイドブック 長期高年齢化による生活困窮を防ぐ』金剛出版，2017

119）佐藤利明『みんなの寅さん from 1969』アルファベータブックス，2019

120）佐藤昌宏『EdTechが変える教育の未来』インプレス，2018

121）佐藤嘉幸『新自由主義と権力 フーコーから現在性の哲学へ』人文書院，2009

122）佐貫浩『学力・人格と教育実践 変革的な主体性をはぐくむ』大月書店，2019

123）参議院『第189回国会 参議院文教科学委員会』2015年6月9日

124）参議院『第192回国会 参議院文教科学委員会』2016年12月6日

125）参議院『第197回国会 参議院文教科学委員会』2018年12月6日

126）塩倉裕『引きこもる若者たち』ビレッジセンター，1999

127）塩倉裕「『引きこもり』を見る視点」全国高校生活指導研究協議会『高校生活指導 152号』青木書店，2002

128）塩倉裕『引きこもり』朝日新聞社，2003

129）自民党経済産業部会『アベノミクスの更なる進化へ』2017年5月16日

130）自民党政務調査会『総合政策集2019 J-ファイル』2019年6月17日

131）週間金曜日 編『安倍政治と言論統制』金曜日，2016

132）衆議院『第192回国会 衆議院文部科学委員会』2016年11月18日

133）新潮社『週刊新潮（2019年6月13日号）』同社刊，2019

134）末富晶『不登校でも大丈夫』岩波書店，2018

135）青少年問題審議会『総合的な青少年対策の実現をめざして（意見具申）』1989年6月19日

136）青少年問題審議会『青少年の無気力，引きこもり等の問題動向への基本的な対応方策 ― 活力あふれる青少年の育成を目指して ― （答申）』1991年10月31日

137）関水徹平『『ひきこもり』経験の社会学』左右社，2016

138）芹沢俊介『引きこもるという情熱』雲母書房，2002

139）芹沢俊介『『存在論的ひきこもり』論 わたしは「私」のために引きこもる』雲母書房，2010

140）全国登校拒否・不登校問題研究会，前島康男 ほか責任編集『登校拒否・不登校問題資料集』創風社，2016

141）全国登校拒否・不登校問題研究会『登校拒否・不登校問題のこれからを考えよう』生活ジャーナル，2017

142）全国登校拒否・不登校問題研究会『登校拒否・不登校問題のこれからを考えよう その2』

　　生活ジャーナル，2018

143）総務省『平成29年版 情報通信白書』2017年7月28日

144）総務省『平成30年 労働力調査年報』2019年5月31日

145）総務庁『平成元年版 青少年白書 ― 青少年問題の現状と対策』1990年1月

146）高垣忠一郎 ほか『小・中学生の発達と教育 子どものとらえ方』創元社，1977

147）高垣忠一郎『揺れつ戻りつ思春期の峠』新日本出版社，1991

148）高垣忠一郎『登校拒否・不登校をめぐって 発達の危機，その〈治療〉と〈教育〉』青木書店，1991

149）高垣忠一郎『揺れる子どもの心と発達』かもがわ出版，1998

150）高垣忠一郎『ともに待つ心たち 登校拒否・ひきこもりを語る』かもがわ出版，2002

151）高垣忠一郎『生きることと自己肯定感』新日本出版社，2004

152）高垣忠一郎『競争社会に向きあう自己肯定感 もっとゆっくり／信じて待つ』新日本出版社，2008

153）高垣忠一郎『カウンセリングを語る 自己肯定感を育てる作法』かもがわ出版，2010

154）高垣忠一郎『登校拒否を生きる「脱落」から「脱出」へ』新日本出版社，2014

155）高垣忠一郎 ほか『ひきこもる人と歩む』新日本出版社，2015

156）高垣忠一郎『生きづらい時代と自己肯定感「自分が自分であって大丈夫」って？』新日本出版社，2015

157）高垣忠一郎「登校拒否の子どもの世界から見える「包摂と排除」の問題」日本臨床教育学会編『臨床教育学研究 第6巻』同会刊，2018

158）高田美惠子「つながり・学び・発信する埼玉県連絡会の行政への働きかけ」教育科学研究会『教育No.772，2010年5月号』かもがわ出版，2010

159）高山龍太郎「不登校から「ひきこもり」へ」荻野達史 ほか編著『「ひきこもり」への社会学的アプローチ メディア・当事者・支援活動』ミネルヴァ書房，2008

160）滝川一廣 ほか『不登校を解く 三人の精神科医からの提案』ミネルヴァ書房，1998

161）滝川一廣『学校へ行く意味・休む意味 不登校ってなんだろう？』日本図書センター，2012

162）竹内章郎 ほか『社会権 人権を実現するもの』大月書店，2017

163）竹内常一『子どもの自分くずしと自分つくり』東京大学出版会，1987

164）竹内常一『子どもの自分くずし，その後 "深層の物語" を読みひらく』太郎次郎社，1998

165）竹内常一『新・生活指導の理論 ケアと自治／学びと参加』高文研，2016

166）竹中哲夫『長期・年長ひきこもりと若者支援地域ネットワーク』かもがわ出版，2014

167）田辺裕『私がひきこもった理由』ブックマン社，2000

168）谷口聡「『学校体系の複線化』政策の現代的特徴と課題」日本教育法学会 編『日本教育法学会年報 第45号』有斐閣，2016

169）谷口聡「教育の多様性と機会均等の政策論的検討：教育機会確保法案の分析を通じて」日本教育制度学会『教育制度学研究 第23号』東信堂，2016

170）中日新聞東京本社『東京新聞（2017年9月25日号）』同社刊，2017

171）中日新聞東京本社『東京新聞（2019年12月22日号）』同社刊，2019

172）デヴィット・ハーヴェイ『新自由主義 その歴史的展開と現在』作品社，2007

173）土井隆義『キャラ化する／される子どもたち 排除型社会における新たな人間像』岩波書店，2009

174）東京都青少年・治安対策本部『平成19年度 若者自立支援調査研究報告書』2008年5月

175）堂野博之『あかね色の空を見たよ 5年間の不登校から立ち上がって』高文研，1998

176）富田富士也『引きこもりからの旅立ち 登校・就職拒否から「人間拒否」する子どもたちとの心の記録』ハート出版，1992

177）富田富士也『新・引きこもりからの旅立ち 不登校「その後」・就職拒否に悩む親子との関わりの記録』ハート出版，2000

178）富田富士也『「引きこもり」から，どうぬけだすか』講談社，2001

179）友寄英隆『AI（人工知能）と資本主義 マルクス経済学ではこう考える』本の泉社，2019

180）内閣府『子ども・若者育成支援推進法』2010年4月1日

181）内閣府『若者の意識に関する調査（ひきこもりに関する実態調査）報告書』2010年7月

182）内閣府『若者の意識に関する調査（高等学校中途退学者の意識に関する調査）報告書』2011年3月

183）内閣府『いじめ防止対策推進法』2013年9月28日

184）内閣府『第189回国会における安倍内閣総理大臣施政方針演説』2015年2月12日

185）内閣府『第5期科学技術基本計画』2016年1月22日

186）内閣府『ニッポン一億総活躍プラン』2016年6月2日

187）内閣府『若者の生活に関する調査報告書』2016年9月

188）内閣府『第193回国会における安倍内閣総理大臣施政方針演説』2017年1月20日

189）内閣府『未来投資戦略2017』2017年6月9日

190）内閣府『総合イノベーション戦略』2018年6月15日

191）内閣府『未来投資戦略2018』2018年6月15日

192）内閣府『平成30年度 年次経済財政報告』2018年8月

193）内閣府『第198回国会における安倍内閣総理大臣施政方針演説』2019年1月28日

194）内閣府『生活状況に関する調査報告書』2019年3月

195）内閣府『経済財政運営と改革の基本方針2019〜「令和」新時代：「Society 5.0」への挑戦〜』2019年6月21日

196）中西新太郎 編『1995年 未了の問題圏』大月書店，2008

197）中西新太郎『若者は社会を変えられるか？』かもがわ出版，2019

198）中村秀治『おーい，中村くん ひきこもりのボランティア体験記』生活ジャーナル，2018

199）日経連『新時代の「日本的経営」─挑戦すべき方向とその具体策─』1995年5月

200）（公財）日本財団『不登校傾向にある子どもの実態調査 メディア向け説明会資料』2018年12月12日

201）二宮厚美・福祉国家構想研究会 編『誰でも安心できる医療保障へ 皆保険50年の岐路』大月書店，2011

202）日本共産党中央委員会『しんぶん赤旗（2019年11月3日号）』同会刊，2019

203）日本共産党中央委員会『しんぶん赤旗 日曜版（2019年12月29日・2020年1月5日合併号）』同会刊，2019

204）（公社）日本精神神経学会『精神神経学雑誌 第114巻』同会刊，2012

205）馳浩「議員連盟は教育機会確保法にどう取り組んだか」フリースクール全国ネットワークほか編『教育機会確保法の誕生』東京シューレ出版，2017

206）花嶋裕久「遷延化するひきこもりのプロセスを探る：変容の契機と分岐点の検討」『東京大学博士論文』2016

207）浜矩子『ビアホノミクスの断末魔』KADOKAWA，2017

208）林尚実『ひきこもりなんて，したくなかった』草思社，2003

209）樋口くみこ「教育支援センター（適応指導教室）の「整備」政策をめぐる課題と展望」一橋大学〈教育と社会〉研究会『〈教育と社会〉研究 第26号』同会刊，2016

210）土方由紀子「『不登校』言説の変遷に関する社会学的研究：子どもの「生きづらさ」への視点はどう変わったか」『奈良女子大学博士論文』2016

211）旭爪あかね『稲の旋律』新日本出版社，2002

212）旭爪あかね『歩き直してきた道』新日本出版社，2014

213）平田オリザ『下り坂をそろそろと下る』講談社，2016

214）広木克行『子どもは「育ちなおし」の名人！見えますか，子どものシグナル』清風堂書店，2011

215）福嶋尚子「不登校を生み，不登校の子どもと親を追い詰める〈貧困〉な教育政策」日本臨床教育学会『臨床教育学研究 第7巻』同会刊，2019

216）福田陽一郎『渥美清の肘突き 人生ほど素敵なショーはない』岩波書店，2008

217）藤井良彦『不登校とは何であったか？ 心因性登校拒否，その社会病理化の論理』社会評論社，2017

218）藤里町社会福祉協議会 編『ひきこもり町おこしに発つ』秋田魁新報社，2012

219）藤田孝典『中高年ひきこもり ── 社会問題を背負わされた人たち ──』扶桑社，2019

220）フジテレビ『ワイドナショー』2019年6月2日

221）藤本文朗 ほか編著『何度でもやりなおせる ひきこもり支援の実践と研究の今』クリエイツかもがわ，2017

222）フリースクール全国ネットワーク ほか編『教育機会確保法の誕生 子どもが安心して学び育つ』東京シューレ出版，2017

223）フリースクール等議員連盟総会『（未定稿）義務教育の段階に相当する普通教育の多様な機会の確保に関する法律案（多様な教育機会確保法案）』2015年8月11日

224）保坂亨『学校を欠席する子どもたち 長期欠席・不登校から学校教育を考える』東京大学出版会，2000

225）堀尾輝久『人権としての教育』岩波書店，1991

226）本田由紀 ほか『「ニート」って言うな！』光文社，2006

227）マーティン・ファクラー『安倍政権にひれ伏す日本のメディア』双葉社，2016

228）マイケル・ジーレンジガー『ひきこもりの国 なぜ日本は「失われた世代」を生んだのか』光文社，2007

229）前川喜平「教育は人権保障の中核」フリースクール全国ネットワーク ほか編『教育機会確保法の誕生』東京シューレ出版，2017

230）前川喜平・寺脇研『これからの日本，これからの教育』筑摩書房，2017

231）前島康男「現代天皇制とオカルト・ブーム ──『人間の力を超えたものに対する畏敬の念』概念を手がかりにして ──（その1）」熊本大学教養部『熊本大学教養部紀要．人文・社会科学編 第26号』同部刊，1991

232）前島康男「現代天皇制とオカルト・ブーム ──『人間の力を超えたものに対する畏敬の念』概念を手がかりにして ──（その2）」熊本大学教養部『熊本大学教養部紀要．人文・社会科学編 第27号』同部刊，1992

233）前島康男「子ども・青年とオカルトブーム ─ その原因のとらえ方をめぐって ─」あゆみ出版『わが子は中学生』同社刊，1993

234）前島康男『いじめ ─ その本質と克服の道すじ ─』創風社，1995

235）前島康男「現代青年とオカルトブーム ─ その本質と克服の道すじ ─」創風社『季刊 経済と社会 4』同社刊，1995

236）前島康男『大学教育と「絵本の世界」（上巻）─ 障害児・いじめ・不登校問題を考える ─』創風社，1998

237）前島康男『おとなのための絵本の世界 ─ 子どもとの出合いを求めて』創風社，1999

238）前島康男『増補・いじめ ─ その本質と克服の道すじ ─』創風社，2003

239）前島康男 編著『希望としての不登校・登校拒否 本人・親の体験，教師の教育実践に学ぶ』創風社，2004

240）前島康男「登校拒否・不登校問題の30年」東京電機大学総合文化研究編集委員会 編『東京電機大学総合文化研究 第10号』同学刊，2012

241）前島康男『学生の描いた絵本の世界』創風社，2014

242）前島康男『大学教育と「絵本の世界」（中巻）─ 憲法・戦争・教育改革，3.11東日本大震災と子ども・教育，いじめ問題を考える ─』創風社，2015

243）前島康男「多様な教育機会確保法案についての一考察」東京電機大学総合文化研究編集委員会 編『東京電機大学総合文化研究 第13号』同学刊，2015

244）前島康男『新版・おとなのための絵本の世界 ─ 子どもとの出会いを求めて ─』創風社，2016

245）前島康男「登校拒否・不登校問題の歴史と理論 ─ 学校に行かない・行けない子どもの言説史 ─」東京電機大学総合文化研究編集委員会 編『東京電機大学総合文化研究 第14号』同学刊，2016

246）前島康男「ひきこもる人とともに歩む（その1）─ ひきこもり問題の歴史・現状と克服の道すじ ─」東京電機大学総合文化研究編集委員会 編『東京電機大学総合文化研究 第15号』同学刊，2017

247）前島康男「ひきこもる人とともに歩む（その2）─ ひきこもり問題の歴史・現状と克服の道すじ ─」東京電機大学総合文化研究編集委員会 編『東京電機大学総合文化研究 第15号』同学刊，2017

248）前島康男「登校拒否・不登校問題と教育機会確保法 ─ 私たちにできることは何か」全国登校拒否・不登校問題研究会『登校拒否・不登校問題のこれからを考えよう』生活ジャーナル，2017

249）前島康男「『教育機会確保法』の教育行政学」日本教育法学会『第49回定期総会』2019年6月1日

250）前島康男「現代日本社会における登校拒否・不登校問題 ─ いくつかの重要な論点について─」全国日本学士会『ACADEMIA No.172』同会刊，2019

251）前島康男「新自由主義社会と登校拒否・ひきこもり問題 ─ その歴史・理論と解決の道すじ ─」東京電機大学総合文化研究編集委員会 編『東京電機大学総合文化研究 第17号』同学刊，2019

252）松尾豊 ほか『人工知能はなぜ未来を変えるのか』KADOKAWA，2016

253）ミシェル・フーコー『監獄の誕生 監視と処罰』新潮社，1977

254）見田宗介『現代社会はどこに向かうか 高原の見晴らしを切り開くこと』岩波書店，2018

255）宮本太郎 編『生活保障の戦略 教育・雇用・社会保障をつなぐ』岩波書店，2013

256）宮本太郎『共生保障〈支え合い〉の戦略』岩波書店，2017

257）宮本みち子 ほか編著『二極化する若者と自立支援「若者問題」への接近』明石書店，2011

258）民主教育研究所『教育研究資料第2集』同所刊，1992

259）村澤和多里「『ひきこもり』についての理解と支援の新たなる枠組みをめぐって：心理ー社会的な視点からの探求」『北海道大学博士論文』2017

260）村山士郎『なぜ「よい子」が暴発するか』大月書店，2000

261）明治安田生活福祉研究所『2014年 20〜40代の恋愛と結婚（第8回 結婚・出産に関する調査より）』2014年7月10日

262）森田洋司，松浦善満 編著『教室からみた不登校 データが明かす実像と学校の活性化』東洋館出版社，1991

263）森田洋司『「不登校」現象の社会学』学文社，1991

264）森田洋司「日本社会の変化と規範意識」犯罪対策閣僚会議『新たな行動計画策定に関する有識者ヒアリング（概要）第6回』2008年8月26日

265）諸星ノア『ひきこもりセキララララ』草思社，2003

266）文科省『今後の不登校への対応の在り方について（報告）』2003年3月

267）文科省『今後の特別支援教育の在り方について（最終報告）』2003年3月28日

268）文科省『不登校への対応の在り方について（通知）』2003年5月16日

269）文科省『不登校への対応について』2003年6月

270）文科省『いじめ防止対策推進法』2013年6月28日

271）文科省『学生の中途退学や休学等の状況について』2014年9月25日

272）文科省『下村博文文部科学大臣記者会見録』2014年10月28日

273）文科省『小・中学校に通っていない義務教育段階の子供が通う民間の団体・施設に関する調査』2015年8月5日

274）文科省『平成28年度 科学技術白書』2016年5月23日

275）文科省『不登校児童生徒への支援に関する最終報告〜一人一人の多様な課題に対応した切れ目のない組織的な支援の推進〜』2016年7月

276）文科省『不登校児童生徒への支援の在り方について（通知）』2016年9月14日

277）文科省『義務教育の段階における普通教育に相当する教育の機会の確保等に関する法律（教育機会確保法）』2016年12月14日

278）文科省『Society 5.0に向けた人材育成〜社会が変わる，学びが変わる〜』2018年6月5日

279）文科省『新しい時代の初等中等教育の在り方について（諮問）』2019年4月17日

280）文科省『新時代の学びを支える先端技術活用推進方策（最終まとめ）』2019年6月25日

281）文科省『学校教育の情報化の推進に関する法律（通知）』2019年6月28日

282）文科省『平成30年度 児童生徒の問題行動・不登校等生徒指導上の諸課題に関する調査結果について』2019年10月17日

283）文科省『不登校児童生徒への支援の在り方について（通知）』2019年10月25日

284）文部省『生徒指導資料』1974，1976，1980，1981，1983

285）文部省『生徒の健全育成をめぐる諸問題 登校拒否問題を中心に 中学校・高等学校編（生徒指導資料 第18集）』1983年12月

286）文部省『登校拒否（不登校）問題について―児童生徒の『心の居場所』づくりを目指して ―（学校不適応対策調査研究協力者会議報告）』1992年3月13日

287）山田哲也「不登校現象は学校に何を問いかけているのか」教育科学研究会 編『学力と学校を問い直す』かもがわ出版，2014

288）山田洋次 監督 映画『十五才 学校Ⅳ』松竹，2000

289）山田洋次『悪童（ワルガキ）小説 寅次郎の告白』講談社，2018

290）山田洋次，朝間義隆『男はつらいよ 寅さんの人生語録 改』PHP研究所，2019

291）山本耕平『ひきこもりつつ育つ 若者の発達危機と解き放ちのソーシャルワーク』かもがわ出版，2009

292）山本耕平『ともに生きともに育つひきこもり支援 ― 協同的関係性とソーシャルワーク』かもがわ出版，2013

293）山本晋也，渡辺俊雄『寅さん，あなたが愛される理由』講談社，2012

294）湯浅誠『反貧困 ―「すべり台社会」からの脱出』岩波書店，2008

295）湯浅誠 ほか編『「生きづらさ」の臨界 "溜め" のある社会へ』旬報社，2008

296）横井敏郎「教育機会確保法制定論議の構図 ― 学校を越える困難 ― 」日本教育学会『教育学研究 第85巻第2号』同会刊，2018

297）横井敏郎「『Society 5.0』に迫られる高校」教育科学研究会 編『教育 No.886，2019年11月号』かもがわ出版，2019

298）横川和夫『降りていく生き方「べてるの家」が歩む，もうひとつの道』太郎次郎社，2003

299）横湯園子『登校拒否 ― 新たなる旅立ち』新日本出版社，1985

300）横湯園子 ほか編『不登校・登校拒否は怠け？病い？ その「対応」をさぐる』国土社，1991

301）横湯園子『アーベル指輪のおまじない 登校拒否児とともに生きて』岩波書店，1992

302）横湯園子『不登校・登校拒否 ― 悩める親と子へのメッセージ ― 』岩波書店，1993

303）横湯園子『ひきこもりからの出発 あるカウンセリングの記録』岩波書店，2006

304）吉野弘『吉野弘詩集 奈々子に』岩崎書店，2009

305）吉村英夫『ヘタな人生論より「寅さん」のひと言 人間にとって本当に大切なものって，なんだろう？』河出書房新社，2008

306）吉本隆明『ひきこもれ ひとりの時間をもつということ』大和書房，2006

307）世取山洋介「『義務教育段階における普通教育に相当する教育の機会の確保等に関する法律』の再検討」全国登校拒否・不登校問題研究会編『登校拒否・不登校問題のこれからを考えよう その2』生活ジャーナル，2018

308）臨床精神科医学会『臨床精神科医学 44巻12号』アークメディア，2015

309）（独）労働政策研究・研修機構『大都市の若者の就業行動と意識の展開 ―「第3回 若者のワークスタイル調査」から ― 』2012年3月30日

310）（独）労働政策研究・研修機構『大学等中退者の就労と意識に関する研究』2015年5月

311）若者自立・挑戦戦略会議『若者自立・挑戦プラン』2003年6月10日

312）若者支援全国協同連絡会 編『「若者支援」のこれまでとこれから 協同で社会をつくる実践へ』かもがわ出版，2016

313）渡辺治『憲法9条と25条・その力と可能性』かもがわ出版，2009

314）渡辺位 編著『登校拒否・学校に行かないで生きる』太郎次郎社，1983

315）渡辺位「不登校」清水將之 編『改訂増補 青年期の精神科臨床』金剛出版，1989

316）渡辺位『不登校のこころ 児童精神科医40年を生きて』教育史料出版会，1992

【著者紹介】

前島康男（まえじま・やすお）

1950年　埼玉県生まれ
1973年　埼玉大学卒業
1979年　東京大学大学院教育学研究科博士課程修了
1984年　熊本大学教養部および教育学部助教授
現　在　東京電機大学教授
専　門　教育学・教育行政学
主要著書　『登校拒否・不登校問題のこれからを考えよう』生活ジャーナル，2017
　　　　　『登校拒否・不登校問題のこれからを考えよう その2』生活ジャーナル，2018
　　　　　『希望としての不登校・登校拒否』創風社，2004
　　　　　『増補・いじめ ― その本質と克服の道すじ ―』創風社，2003
　　　　　『新版・おとなのための絵本の世界 ― 子どもとの出会いを求めて ―』創風社，2016
　　　　　『大学教育と「絵本の世界」(上巻)』創風社，1998
　　　　　『大学教育と「絵本の世界」(中巻)』創風社，2015

登校拒否・ひきこもりからの"出発"　「よい子」の苦悩と自己形成

2020年3月30日　第1版1刷発行　　　ISBN 978-4-501-63260-1 C3037

著　者　前島康男
　　　　© Maejima Yasuo 2020

発行所　学校法人 東京電機大学　　〒120-8551　東京都足立区千住旭町5番
　　　　東京電機大学出版局　　　　Tel. 03-5284-5386(営業) 03-5284-5385(編集)
　　　　　　　　　　　　　　　　　Fax. 03-5284-5387 振替口座 00160-5-71715
　　　　　　　　　　　　　　　　　https://www.tdupress.jp/

印刷：三立工芸(株)　　製本：誠製本(株)　　装丁：齋藤由美子
落丁・乱丁本はお取り替えいたします。　　　　　　　Printed in Japan